Delia Hillmayr, Janina Täschner,
Lilo Brockmann, Doris Holzberger

Elternbeteiligung im schulischen Kontext – Potenzial zur Förderung des schulischen Erfolgs von Schülerinnen und Schülern

Waxmann 2021
Münster • New York

Das dieser Broschüre zugrundeliegende Vorhaben wurde mit Mitteln des Bundesministeriums für Bildung und Forschung sowie des Sekretariats der Ständigen Konferenz der Kultusminister der Länder in der Bundesrepublik Deutschland unter dem Förderkennzeichen ZIB2022 gefördert. Die Verantwortung für den Inhalt dieser Veröffentlichung liegt bei den Autorinnen.

GEFÖRDERT VOM

Bibliografische Informationen der Deutschen Nationalbibliothek
Die Deutsche Nationalbibliothek verzeichnet diese Publikation in der Deutschen Nationalbibliografie; detaillierte bibliografische Daten sind im Internet über http://dnb.dnb.de abrufbar.

Wissenschaft macht Schule, Band 3
herausgegeben von Doris Holzberger und Kristina Reiss
ISSN 2701-6056

Print-ISBN 978-3-8309-4366-2
E-Book-ISBN 978-3-8309-9366-7

Steinfurter Straße 555, 48159 Münster

www.waxmann.com
info@waxmann.com

Umschlagfoto: © Potstock | shutterstock.com
Satz, Umschlaggestaltung: Waxmann Verlag
Grafiken: Grafikbüro Petra Hinterberger - www.das-grafikbuero.de
Druck: Lindhauer, Delbrück

Gedruckt auf alterungsbeständigem Papier,
säurefrei gemäß ISO 9706

Printed in Germany

Inhalt

▸ Das technische Zusatzmaterial zu dieser Broschüre finden Sie unter folgendem Link: http://go.tum.de/751387

Autorinnen:
Delia Hillmayr[1], Janina Täschner[1], Lilo Brockmann[2], Doris Holzberger[1]

Herausgeberinnen:
Doris Holzberger und Kristina Reiss

[1] Zentrum für internationale Bildungsvergleichsstudien (ZIB)
[1] Technische Universität München (TUM)
[2] Westfälische Wilhelms-Universität Münster

Dank

Unser Dank gilt allen Personen, die die Inhalte dieser Broschüre mit ihrem Engagement und Wissen bereichert haben - darunter die Kolleginnen und Kollegen des *Zentrums für internationale Bildungsvergleichsstudien (ZIB) e. V.*, des *Staatsinstituts für Schulqualität und Bildungsforschung (ISB) München* und *eduvisory*. Auch unseren wissenschaftlichen Hilfskräften, die uns über den gesamten Erstellungsprozess unterstützt haben, sowie den Studierenden Hikmet Yanar und Felix Seibold, deren Erkenntnisse aus den Bachelorarbeiten zum Thema *Elternbeteiligung* in die Broschüre eingeflossen sind, möchten wir herzlich danken. Insbesondere bedanken wir uns auch für die gewinnbringende Kooperation mit den Landesinstituten, die uns Informationen zu bestehenden Programmen zum Thema *Elternbeteiligung im schulischen Kontext* zur Verfügung gestellt haben.

Über diese Broschüre

Mit dieser Publikation richten wir uns an Schulleitungen und Lehrkräfte sowie an politische Entscheidungsträgerinnen und Entscheidungsträger und an alle Personen, die sich für den Themenbereich der Elternbeteiligung im schulischen Kontext interessieren. Ziel ist es, Elternbeteiligung als eine Möglichkeit zur Förderung des schulischen Erfolgs von Schülerinnen und Schülern vorzustellen und relevante Informationen zu diesem Themenbereich verfügbar zu machen.

Schulschließungen und Distanzunterricht infolge der Corona-Pandemie unterstreichen die maßgebliche Rolle der Eltern für das schulische Lernen von Schülerinnen und Schülern. Immer wieder zeigen Studien, dass schulische Leistung oder der Besuch bestimmter Schularten stark mit familiären Hintergrundmerkmalen verknüpft sind und Schülerinnen und Schüler aus Familien mit niedrigem sozioökonomischen Status und/oder mit Migrationshintergrund im Erreichen von schulischem Erfolg als benachteiligt angesehen werden können. Ein Resultat der Diskussionen über Möglichkeiten zur Förderung benachteiligter Schülerinnen und Schüler ist beispielsweise der Ausbau von Ganztagsschulen in Deutschland, mit welchem hohe Erwartungen im Sinne einer Reduzierung von Ungleichheiten im Bildungskontext verbunden sind. Darüber hinaus wurde 2019 die Bund-Länder-Initiative *Schule macht stark* ins Leben gerufen, die primär darauf abzielt, Schulen in ungünstigen Lagen zu unterstützen und damit spezifisch die Bildungschancen von benachteiligten Schülerinnen und Schülern zu verbessern.

Ebenso wurde das *Zentrum für internationale Bildungsvergleichsstudien* (Kurzporträt ZIB) beauftragt, potenziell geeignete Maßnahmen zur Reduzierung von Bildungsungleichheiten systematisch aufzubereiten, um die wissenschaftlichen Erkenntnisse für Personen aus Bildungspolitik, Bildungsadministration und Bildungspraxis verfügbar und nutzbar zu machen. Im Zuge dessen hat sich gezeigt, dass auch die *Elternbeteiligung im schulischen Kontext* bei der Diskussion über mögliche Wege zu mehr Bildungsgleichheit immer mehr Aufmerksamkeit erlangt.

Im Rahmen einer Forschungssynthese haben wir daher systematisch Wissen darüber zusammengetragen, welche Rolle Eltern in Bezug auf die Förderung des schulischen Erfolgs ihrer Kinder einnehmen können. Dabei werden *alle* Schülerinnen und Schüler in den Blick genommen, d. h. sowohl benachteiligte als auch nicht benachteiligte Kinder und Jugendliche. Zunächst werden umfassende Hintergrundinformationen zur Rolle des familiären Hintergrunds im Bildungssystem und zu Erklärungsansätzen von Bildungsungleichheiten gegeben sowie verschiedene Formen der Elternbeteiligung erläutert (Kapitel 1). Anschließend wird der aktuelle internationale Forschungsstand zur Frage, inwieweit Elternbeteiligung ein Potenzial zur Förderung des schulischen Erfolgs von Schülerinnen und Schüler darstellt, systematisch aufbereitet (Kapitel 2). Dabei werden Anregungen in Form von Reflexionsfragen für Lehrkräfte und Schulleitungen angeboten. Abschließend stellen wir exemplarisch drei Praxisbeispiele zur Förderung von Elternbeteiligung vor (Kapitel 3). In der digitalen Version der Broschüre finden Sie zudem weitere Programme und Maßnahmen, die als Inspiration für die Schulentwicklung sowie die Zusammenarbeit mit Eltern dienen können. Die digitale Version können Sie unter folgendem Link kostenlos herunterladen:

https://www.waxmann.com/4366

1 Eltern als wichtiger Faktor für schulischen Erfolg

Um die Bedeutung des familiären Hintergrunds im schulischen Kontext zu verdeutlichen, wird in diesem Kapitel zunächst auf die Auswirkungen familiärer Hintergrundmerkmale im Bildungskontext sowie auf mögliche Gründe für die Entstehung und Manifestierung von Bildungsbenachteiligung eingegangen. Im Anschluss werden verschiedene Formen elterlicher Beteiligung im schulischen Kontext dargestellt.

1.1 Die Rolle des familiären Hintergrunds im Bildungssystem

Zum wiederholten Male haben die Erhebungen im Rahmen der PISA-Studie gezeigt, dass die schulischen Leistungen von Schülerinnen und Schülern eng mit Merkmalen des familiären Hintergrunds verknüpft sind. In Bezug auf die Schwerpunktdomäne Lesen wurde festgestellt, dass die Stärke des Zusammenhangs zwischen der Lesekompetenz und der sozialen Herkunft (Soziale Herkunft und Migrationshintergrund) von Schülerinnen und Schülern in Deutschland über dem OECD-Durchschnitt liegt. Auch die Unterschiede in der Lesekompetenz zwischen Schülerinnen und Schülern mit und ohne Migrationshintergrund sind in Deutschland vergleichsweise groß, wobei Kinder und Jugendliche mit Migrationshintergrund hinter den anderen zurückliegen (Weis et al., 2019). Auch in anderen Studien zeigen sich Einflüsse der Herkunft – nicht nur bei der Lesekompetenz, sondern auch bei mathematischen und naturwissenschaftlichen Kompetenzen zuungunsten von Kindern und Jugendlichen aus sozial benachteiligten Familien (Stubbe et al., 2016).

Soziale Herkunft und Migrationshintergrund

Bei der Bestimmung sozialer Herkunft spielen verschiedene Merkmale eine Rolle wie beispielsweise der Beruf oder der Ausbildungsabschluss der Eltern, die finanziellen Einkünfte, der Besitz von Kulturgütern (z. B. Anzahl der Bücher im Haushalt) oder die kulturelle Praxis (z. B. Besuch von Museen). Häufig wird zur Messung der sozialen Herkunft der sogenannte *sozioökonomische Status* herangezogen, ein Maß, das die oben genannten Merkmale berücksichtigt.

Mit Schülerinnen und Schülern *ohne* Migrationshintergrund sind in der vorliegenden Publikation - und beispielsweise auch nach der internationalen Definition in der PISA-Studie - Kinder und Jugendliche gemeint, die *kein* oder *maximal ein* im Ausland geborenes Elternteil haben. Schülerinnen und Schüler *mit* Migrationshintergrund sind dagegen Kinder und Jugendliche, deren Elternteile *beide* im Ausland geboren sind.

In Deutschland sind die Zusammenhänge zwischen sozialer Herkunft und Migrationshintergrund deutlich sichtbar: Familien mit Migrationshintergrund weisen hierzulande häufig einen niedrigeren sozioökonomischen Status auf (Weis et al., 2019), beispielsweise also ein vergleichsweise geringes Einkommen oder niedrige Bildungsabschlüsse. Aufgrund der zuhause gesprochenen Sprache oder anderer kultureller Unterschiede starten Kinder und Jugendliche mit Migrationshintergrund zudem häufig mit ungünstigeren Ausgangsbedingungen ins Schulleben als Kinder und Jugendliche ohne Migrationshintergrund.

Der Einfluss des familiären Hintergrunds wird auch dadurch unterstrichen, dass er teils stärkere Zusammenhänge mit dem schulischen Erfolg aufweist als schulische Faktoren wie z. B. die Klassengröße oder die finanziellen Ausgaben pro Schülerin oder Schüler (z. B. Coleman et al., 1966; Hattie, 2011).

Eine Übersicht über wichtige Merkmale des familiären Hintergrunds, ausgewählte schulische Faktoren sowie verschiedene Facetten des schulischen Erfolgs finden Sie in Abbildung 1. Unter dem Begriff schulischer Erfolg wird eine Bandbreite an Variablen zusammengefasst wie z. B. die Bildungsbeteiligung oder mehrdimensionale Bildungsziele, die im Unterricht angestrebt werden. In der vorliegenden Publikation legen wir den Fokus auf die mehrdimensionalen Bildungsziele und damit konkret auf zwei wichtige Facetten des schulischen Erfolgs: die Schulleistung und die Motivation von Schülerinnen und Schülern.

Abbildung 1: Übersicht über ausgewählte familiäre Hintergrundmerkmale und schulische Faktoren, die die verschiedenen Facetten schulischen Erfolgs von Schülerinnen und Schülern beeinflussen können. Grafisch hervorgehoben ist das Hauptaugenmerk dieser Broschüre: die elterliche Beteiligung im schulischen Kontext und ihr Potenzial für die Schulleistung und die Motivation von Schülerinnen und Schülern.

Auswirkungen des familiären Hintergrunds im Bildungskontext:

Zeigen sich im Vergleich bestimmter Personengruppen Unterschiede im schulischen Erfolg in Abhängigkeit von konkreten Merkmalen dieser Gruppen wie beispielsweise der sozialen Herkunft, wird dies als Bildungsungleichheit bezeichnet. Wenn im Vergleich entsprechender Personengruppen – in diesem Falle z. B. Schülerinnen und Schüler *mit* Migrationshintergrund und Schülerinnen und Schüler *ohne* Migrationshintergrund – regelmäßig Bildungsungleichheiten zu beobachten sind, spricht man von Bildungsbenachteiligung.

Bildungsungleichheiten zeigen sich dabei in verschiedenen Bereichen wie beispielsweise

- der **schulischen Leistung**,
- der **besuchten Schulform** oder
- den **Ausbildungs- und Berufswegen**.

Neben den bereits dargelegten Befunden zu Unterschieden in der schulischen Leistung von Schülerinnen und Schülern mit und ohne Migrationshintergrund zeigen sich auch Unterschiede in der Bildungsbeteiligung wie z. B. der besuchten Schulform: Je höher der berufliche Abschluss der Eltern ist, desto eher besuchen Schülerinnen und Schüler im Alter von 15 Jahren eine allgemeinbildende Schule statt einer berufsbildenden Schule (Autorengruppe Bildungsberichterstattung, 2018). Darüber hinaus besuchen Jugendliche mit Migrationshintergrund überdurchschnittlich häufig eine Haupt- bzw. Mittelschule (SVR, 2020). Diese Tendenz zeigt sich auch später im Bildungsverlauf, denn Studierende mit Migrationshintergrund sind an Universitäten weiterhin unterrepräsentiert. Die Wahrscheinlichkeit, ein Studium aufzunehmen, ist für diejenigen, deren Eltern über einen Hochschulabschluss verfügen, um ein Vielfaches höher als für jene, deren Eltern keinen Hochschulabschluss haben (Autorengruppe Bildungsberichterstattung, 2018).

Angesichts dieser vielfältigen Auswirkungen von Bildungsbenachteiligung und der Tatsache, dass der Anteil von Schülerinnen und Schülern mit Migrationshintergrund in Deutschland in den letzten 10 Jahren deutlich angestiegen ist – während in der PISA-Studie 2009 noch 26 % der Fünfzehnjährigen einen Migrationshintergrund hatten, waren es 2018 bereits 36 % (Hofer et al., 2019) – scheint die Gefahr einer systematischen Benachteiligung von Schülerinnen und Schülern mit entsprechendem familiären Hintergrund aktueller denn je. Bevor wir mögliche Ansatzpunkte zur Reduzierung dieses Problems aufzeigen, werden im nächsten Abschnitt zunächst die Entstehung und Manifestierung von Bildungsbenachteiligung thematisiert.

Entstehung und Manifestierung von Bildungsbenachteiligung:

Die Entstehung von Bildungsbenachteiligung kann mit zwei Theorien sozialer Ungleichheit erklärt werden: Zum einen ist es entscheidend, auf wie viel ökonomisches, kulturelles und soziales Kapital eine Familie zurückgreifen kann (Ökonomisches, soziales und kulturelles Kapital). Beispielsweise kann die Möglichkeit einer problemlosen Finanzierung und Nutzung von Nachhilfe (ökonomisches Kapital) einen Vorteil beim Schulbesuch bieten. Gleichzeitig kann sich das Fehlen von persönlichen Kontakten (soziales Kapital) z. B. bei der Suche einer Ausbildungsstelle nachteilig auf die Bildungskarriere auswirken. Ungleiche Startbedingungen, unterschiedliche Anregungen des Elternhauses oder auch die ungleiche Nutzung schulischer Lernangebote werden **primäre Herkunftseffekte** genannt (Boudon, 1974).

Ökonomisches, soziales und kulturelles Kapital

Das *ökonomische Kapital* bezieht sich auf Besitztümer wie beispielsweise Immobilien, Schmuck oder andere Arten von Vermögen, die direkt in Geld umwandelbar sind.

Das *soziale Kapital* beschreibt die menschlichen Beziehungen und sozialen Netzwerke, auf die man zurückgreifen kann. Das können beispielsweise Kontakte sein, die bei der Wahl des Studienplatzes oder bei der Jobsuche weiterhelfen können.

Das *kulturelle Kapital* bezieht sich unter anderem auf kulturelle Güter wie beispielsweise Bücher, kann aber auch ganz allgemein die Bildung innerhalb einer Familie beschreiben (Bourdieu, 1983).

Zum anderen kann das Zustandekommen von Bildungsbenachteiligung mit dem Entscheidungsverhalten der Eltern erklärt werden: Eltern wägen Kosten und Nutzen der jeweiligen Bildungswege ab und treffen Entscheidungen, die wiederum auch von ihrer eigenen Herkunft bestimmt sein können – so z. B. bezüglich des Übergangs in eine weiterführende Schule oder der Aufnahme eines Studiums versus einer Ausbildung. Diese Unterschiede im Bildungswahlverhalten von Eltern werden als **sekundäre Herkunftseffekte** bezeichnet.

Da elterliche Verhaltensweisen wie das Bildungswahlverhalten beispielsweise durch Lehrkräfte und andere in diesem Kontext beteiligte Personen eher beeinflussbar sind als etwa der Bildungsgrad, der Wohnort oder das finanzielle Einkommen der Eltern, gewinnen diese Verhaltensweisen als Potenzial für die Förderung schulischen Erfolgs zunehmend an Bedeutung. Die Autorinnen- und Autorengruppe um Gubbels (2019) findet in einer Metaanalyse über 75 Studien Hinweise darauf, dass eine aktive elterliche Beteiligung im schulischen Kontext mit weniger Fehlzeiten und sogar geringeren Schulabbruchraten von Schülerinnen und Schülern einhergehen kann.

Kurzporträt: Das Zentrum für internationale Bildungsvergleichsstudien (ZIB)

- Drei **Standorte**: München (Technische Universität München), Frankfurt am Main (Leibniz-Institut für Bildungsforschung und Bildungsinformation), Kiel (Leibniz-Institut für die Pädagogik der Naturwissenschaften und Mathematik)
- Zentrale **Aufgaben**: Forschungssynthesen, PISA-Studie in Deutschland (Bildungsmonitoring), Schul- und Unterrichtsforschung sowie Methodenforschung
- Vereint **bundesweite Expertise** zu zahlreichen Themenbereichen der empirischen Bildungsforschung
- **Forschungssynthesen** fokussieren auf verschiedene bildungsrelevante Themen und legen ein Hauptaugenmerk auf die Anwendungsorientierung und den Austausch mit der Praxis
- **Förderung** durch das Bundesministerium für Bildung und Forschung sowie durch das Sekretariat der Ständigen Konferenz der Kultusminister der Länder in der Bundesrepublik Deutschland (Förderkennzeichen ZIB2022)
- Weitere Informationen zu den einzelnen Forschungsprojekten finden Sie auf der Homepage des ZIB unter folgendem Link: http://zib.education/forschung.html Außerdem finden Sie die Arbeitsgruppe Forschungssynthesen auf Twitter (@edusyn_tum) unter folgendem Link: https://twitter.com/edusyn_tum

Vor dem Hintergrund bestehender Bildungsungleichheiten rücken somit neben der konkreten Förderung benachteiligter Schülerinnen und Schüler auch die Fragen nach Einflussmöglichkeiten der elterlichen Unterstützung und der gelingenden Zusammenarbeit von Schulen mit den Elternhäusern weiter in den Fokus.

Inwiefern sich elterliche Verhaltensweisen, wie die Teilnahme an schulischen Aktivitäten oder die Unterstützung bei Hausaufgaben, auch auf andere Facetten des schulischen Erfolgs wie die Schulleistung und die Motivation der Kinder und Jugendlichen auswirken können, wird in Kapitel 2 basierend auf aktuellen Forschungserkenntnissen dargestellt. Im nachfolgenden Abschnitt beschreiben wir konkrete Formen der Elternbeteiligung und gehen auf Besonderheiten bei der Zusammenarbeit von Schule und Eltern mit Migrationshintergrund und/oder niedrigem sozioökonomischen Status ein.

1.2 Formen der Elternbeteiligung

Eltern bzw. Erziehungsberechtigte (die im Folgenden auch mit dem Begriff Eltern gemeint sind) können durch verschiedene Verhaltensweisen auf den schulischen Erfolg ihrer Kinder einwirken. In diesem Kapitel werden zunächst Beispiele für diese Verhaltensweisen, die auch Formen der Elternbeteiligung genannt werden, erläutert und in ein Modell der Elternbeteiligung eingeordnet. Anschließend gehen wir auf Besonderheiten bei der Elternbeteiligung von Eltern mit Migrationshintergrund und/oder niedrigem sozioökonomischen Status ein.

Definition von Elternbeteiligung

Elternbeteiligung meint „sämtliche Interaktionen von Eltern mit ihren Kindern sowie der Schule [inklusive schulischem Personal], die darauf abzielen, den schulischen Erfolg ihrer Kinder zu fördern" (Hill et al., 2004, S. 1491).

Der Begriff der Elternbeteiligung umfasst damit verschiedene Facetten vom aktiven *Sichbeteiligen* und passivem *Beteiligtwerden* (Gomolla, 2009). In der internationalen Literatur liest man häufig den Begriff *parental involvement,* den auch wir verwenden, wenn wir uns auf Inhalte aus englischsprachiger Literatur beziehen.

Eltern können sich in vielfältiger Art und Weise am Schulleben ihrer Kinder beteiligen. Sie besuchen Elternabende und Schulveranstaltungen, unterstützen bei den Hausaufgaben, üben mit ihren Kindern vor Klassenarbeiten oder besuchen gemeinsam mit den Kindern ein Museum. Dabei können sich sowohl das Ausmaß als auch die Art und Weise der elterlichen Beteiligung beispielsweise in Abhängigkeit davon unterscheiden, ob eine Ganztagsbeschulung erfolgt oder nicht. Als ein „Extrembeispiel" von Elternbeteiligung seien auch die Schulschließungen als Maßnahme zur Bekämpfung der Corona-Pandemie genannt. Die vielfältigen Formen von Elternbeteiligung werden in der bildungswissenschaftlichen Literatur häufig zu übergeordneten Dimensionen zusammengefasst, die wiederum ein Gesamtmodell der Elternbeteiligung ergeben (z. B. Epstein, 1987; Grolnick & Slowiaczek, 1994; Hill & Tyson, 2009).

Wir verwenden zur Einordnung der Formen elterlicher Beteiligung das Modell von Hill und Tyson (2009). Die Autorinnen gehen darin von drei verschiedenen Dimensionen der Elternbeteiligung aus:

- **home-based** parental involvement
- **school-based** parental involvement
- **academic socialization**

Eine beispielhafte Übersicht über diverse Formen von Elternbeteiligung und ihre Zuordnung zu den drei Dimensionen nach Hill und Tyson (2009) finden Sie in Abbildung 2.

Elternbeteiligung

- Lernplatzgestaltung
- Hausaufgabenunterstützung
- gemeinsame Museums- und Büchereibesuche
- gemeinsames Lesen
- Üben vor Klassenarbeiten
- Hilfe bei Leistungsproblemen

- Kommunikation mit Lehrkräften und Schulleitung
- Teilnahme an Elternabenden und -sprechtagen
- Engagement im Elternbeirat
- Mithilfe bei Schulfesten und Klassenausflügen
- Teilnahme an Schul- und Klassenveranstaltungen

Kommunikation von:

- elterlichen Erwartungshaltungen

Kommunikation über:

- Lernstrategien
- Stellenwert von Bildung
- Zukunftspläne

Abbildung 2: Verschiedene Formen der Elternbeteiligung im schulischen Kontext und ihre übergeordneten Dimensionen.

Unter **home-based parental involvement** werden sämtliche Verhaltensweisen verstanden, die die *Gestaltung von Lerngelegenheiten zuhause* bzw. im familiären Umfeld betreffen. Das sind beispielsweise die Einrichtung eines geeigneten Lernplatzes, die Unterstützung bei den Hausaufgaben oder auch der gemeinsame Besuch einer Bücherei.

Die Dimension **school-based parental involvement** umfasst sämtliche Verhaltensweisen von elterlicher Beteiligung, die sich auf *Aktivitäten oder Interaktionen* der Eltern vor Ort *in der Schule* beziehen. Beispiele dafür reichen vom Besuch des Elternsprechtags über die Beteiligung als Begleitperson bei Ausflügen bis hin zum Engagement im Elternbeirat.

Nicht an einen Ort gebunden sind Formen der dritten Dimension **academic socialization**. Darunter fallen sämtliche Verhaltensweisen, die explizit die *Kommunikation bildungsrelevanter Inhalte* umfassen. Beispiele dafür finden sich im Alltag, wenn Eltern mit ihren Kindern über geeignete Lernstrategien zum Vokabelwiederholen diskutieren oder mögliche Berufswege ausloten. Auch die Kommunikation elterlicher Erwartungen bezüglich zukünftiger Leistungen wie etwa Zeugnisnoten oder dem erwünschten Schulabschluss gehört zu dieser Dimension. Man spricht dann von elterlichen Bildungserwartungen. Neben der ausdrücklichen Kommunikation können sich höhere *elterliche Bildungserwartungen* auch im Verhalten manifestieren, indem Eltern beispielsweise mehr lern- und leistungsunterstützendes Verhalten zeigen, etwa gemeinsam mit dem Kind lernen oder Zusatzmaterial zur Förderung bestellen. Alternativ kann ihre Bildungserwartung sichtbar werden, indem sie ihr Lob- und Kritikverhalten möglichst differenziert an die schulischen Leistungen anpassen. Selbstverständlich findet diese Kommunikation häufig im häuslichen Bereich statt. Diese Dimension wird jedoch separat betrachtet, da mit ihr Wirkungen verbunden sein können, die für die Dimension *home-based parental involvement* typische Verhaltensweisen wie die häusliche Gestaltung von Lerngelegenheiten nicht unbedingt erzielen (z. B. die Beeinflussung der Einstellung gegenüber bestimmten Bildungswegen).

Im folgenden Abschnitt werden Besonderheiten dargestellt, die bei der Zusammenarbeit von Schule mit benachteiligten Familien auftreten können und die mit spezifischen elterlichen Verhaltensweisen einhergehen können.

Elternbeteiligung bei Familien mit Migrationshintergrund und/oder niedrigem sozioökonomischen Status:

In der Forschungsliteratur wird häufig erwähnt, dass Eltern mit Benachteiligungsmerkmalen – in diesem Kontext sind darunter ein Migrationshintergrund und/oder ein niedriger sozioökonomischer Status zu verstehen – aus Sicht der Schule schwerer zu erreichen sind (Hillesheim, 2009) und sich zudem weniger stark an schulischen Prozessen beteiligen als Eltern ohne Benachteiligungsmerkmale. Dies kann unter anderem mit unzureichenden Fachkenntnissen oder fehlenden Kenntnissen bezüglich des Schulsystems einhergehen (Gomolla & Rotter, 2012). Aufgrund der Tatsache, dass Kinder und Jugendliche aus benachteiligten Familien ohnehin in ihren schulischen Leistungen im Durchschnitt hinter anderen Kindern und Jugendlichen zurückliegen (z. B. Weis et al., 2019), besteht die Gefahr einer *doppelten* Benachteiligung: Eltern mit Migrationshintergrund können beispielsweise aufgrund sprachlicher Defizite ihre Kinder weder selbst in erforderlichem Ausmaß beim Lernen unterstützen noch in Form von professioneller Nachhilfe, da sie sich diese mit einem durchschnittlich geringen Einkommen in der Regel nicht leisten können. So scheint es umso wichtiger, das Potenzial elterlicher Beteiligung zur Förderung des schulischen Erfolgs zu nutzen.

Ein geringeres Ausmaß an „sichtbarem" Engagement der Eltern an der Schule ist jedoch keinesfalls mit fehlender Bereitschaft seitens der Eltern gleichzusetzen. Hingegen sind Angebote der Schulen (z. B. Mitwirkung oder Teilnahme an Schulveranstaltungen) oftmals nur unzureichend auf die Bedürfnisse von Familien mit Benachteiligungsmerkmalen ausgerichtet (z. B. geringere finanzielle oder zeitliche Ressourcen) oder sie werden nicht adressatengerecht kommuniziert.

Über gezielte Beratungsangebote beispielsweise zur Frage „Wie kann ich mein Kind zuhause bestmöglich unterstützen?" fehlt es den Eltern häufig an Informationen. Dass jedoch prinzipiell Interesse bei den Eltern besteht, wird in folgendem Zitat einer Mutter deutlich, das in einer Interviewstudie zum Thema *Elternbeteiligung an Schulen* mit Eltern mit Migrationshintergrund und/oder niedrigem sozioökonomischen Status im Rahmen einer Bachelorarbeit an der Technischen Universität München erhoben wurde:

> „Ich finde es sehr interessant, dass es diese Angebote generell gibt. Man könnte vielleicht nachhaken, aber rein aus den Briefen oder den Mitteilungen oder eben auch den Elternsprechtagen geht das Ganze nicht hervor."

Somit ist es wichtig, sich mit möglichen Besonderheiten dieser Personengruppen auseinanderzusetzen, um diese in der Entwicklung und Umsetzung von Angeboten und Maßnahmen adäquat berücksichtigen zu können. Hillesheim (2009) beschreibt unter anderem folgende Aspekte, die bei der Zusammenarbeit von Schule und Eltern mit Benachteiligungsmerkmalen eine Rolle spielen und teilweise als Gründe für die geringere Beteiligung im schulischen Kontext angesehen werden können:

Kulturelle Werte und Regeln:
Familien unterscheiden sich je nach Herkunftsland in ihren Kulturen (Gomolla, 2009), weshalb sich die Erziehungs- und Bildungsvorstellungen von Eltern mit Migrationshintergrund oftmals von denjenigen unterscheiden, die im deutschen Schulsystem vermittelt werden: In Deutschland stehen Werte wie Selbstbestimmung und Eigenverantwortung im Fokus, während es in anderen Ländern beispielsweise Respekt und Gehorsam sind. Auch die unterschiedliche Vorstellung von geschlechtsspezifischer Rollenverteilung kann problematisch sein.

Eine in der Interviewstudie befragte Mutter äußert sich ebenfalls zu kulturellen Differenzen:

> „Wir haben [...] so traditionelle Hintergründe, die wir nicht einfach [...], ja nicht wegschieben können. Es gibt natürlich auch gewisse kulturelle Sachen, die jetzt zum Beispiel einen Vater daran hindern, zum Elternabend zu gehen."

Sprachkenntnisse:
Fehlende Sprachkenntnisse können nicht nur bei der Unterstützung der Kinder zuhause ein Problem darstellen, sondern auch beim Verstehen von schulspezifischen Informationen (z. B. im Rahmen von Elternabenden oder der Wahl einer weiterführenden Schule).

Dies zeigt sich auch in der Aussage einer befragten Mutter:

> „Ich war an Elternsprechtagen, da waren statt der Eltern anderer Kinder tatsächlich die älteren Geschwister, die aber selber leider auch noch Kinder waren. Aber einfach, weil die Eltern das [...] nicht verstehen würden."

Gleichzeitig verfügt das schulische Personal - also Schulleitungen sowie Lehrkräfte - nicht immer über ausreichende Kenntnisse zum Umgang mit der sprachlichen Heterogenität innerhalb der Elternschaft.

Betreuung durch Schulen:
In Deutschland findet die Kontaktaufnahme mit Eltern durch Schulen meist anlass- und problembezogen statt. Dies unterscheidet sich zu anderen Ländern, in denen der Kontakt zwischen Eltern und Lehrkräften häufig auch auf eine informelle Art und Weise stattfindet - so etwa in Form eines kurzen Gesprächs beim Abholen der Kinder. Dadurch fühlen sich Eltern mit Migrationshintergrund teilweise „nicht als pädagogisch relevantes Umfeld der Kinder wahr- und ernstgenommen" (Hillesheim, 2009, S. 35) und haben das Gefühl, von der Schule nicht ausreichend betreut zu werden.

Als Lösungsansatz schlägt eine befragte Mutter vor:

> „Eventuell mehrsprachige Lehrer und mehrsprachige Veranstaltungen, wo man dann sagen kann: ‚Leute, ihr seid herzlich willkommen. Wir wollen euch wirklich informieren'. Also ‚wir wollen, dass diese Informationen bei Ihnen ankommen' [...]".

Diskriminierung und Vorurteile:
Diskriminierungserfahrungen, die Eltern mit Migrationshintergrund häufig bereits vor der Beschulung ihrer Kinder sammeln, können später zu einer verstärkten Hemmschwelle bei der Kommunikation mit der Schule oder einzelnen Lehrkräften führen. Als Resultat nehmen Lehrkräfte die Eltern teilweise als weniger interessiert an den schulischen Prozessen ihrer Kinder wahr und Kontaktanstrengungen aufseiten der Schule nehmen ab (Boos-Nünning, 2008).

Bei einer befragten Mutter sprechen die Erfahrungen mit der Teilnahme an einem Eltern-Stammtisch für sich:

> „Ich habe da nie dran teilgenommen. [...] Das lag einfach daran, dass die Leute uns nicht akzeptieren wollten. Wir waren fremd in diesem Land und man wollte nichts mit uns zu tun haben."

Die hier genannten Aspekte sollen weniger die Herausforderungen bei der Zusammenarbeit mit benachteiligten Eltern betonen, sondern vielmehr das Verständnis für mögliche Hindernisse erhöhen, die mit einer geringeren Beteiligung der Eltern im schulischen Kontext zusammenhängen können. In der Zusammenarbeit sollten gerade auch die Potenziale genutzt werden, die sich aus der Kommunikation zwischen Beteiligten aus verschiedenen Ländern und Kulturen ergeben können. Mögliche Ansatzpunkte für die Zusammenarbeit mit Eltern werden in Kapitel 3 näher behandelt.

2 Das zeigt die Forschung zu Elternbeteiligung: Eine Forschungssynthese

Diverse Forschungsbefunde und theoretische Modelle aus der Bildungsforschung deuten auf grundsätzlich **positive Effekte** der Elternbeteiligung sowohl in Bezug auf die **Leistung** als auch auf die **Motivation** der Schülerinnen und Schüler hin (z. B. Dearing et al., 2006; Kloosterman et al., 2011; Myrberg & Rosen, 2009; Varghese & Wachen, 2016; Walper & Grgic, 2013). Elterliche Beteiligung scheint somit ein wichtiger Faktor für den schulischen Erfolg *aller* Kinder und Jugendlichen zu sein. Da insbesondere Schülerinnen und Schüler aus Familien mit Migrationshintergrund und/oder niedrigem sozioökonomischen Status im Bildungssystem benachteiligt sind, gehen wir im Folgenden immer wieder gezielt auf diese Gruppe ein.

Im Rahmen einer **Forschungssynthese** (Arten von Forschungssynthesen) am ZIB (Kurzporträt ZIB) wurden verfügbare und relevante Studien zum Thema *Elternbeteiligung im schulischen Kontext* systematisch recherchiert, nach inhaltlichen Kategorien sortiert (z. B. Dimensionen von Elternbeteiligung oder Migrationshintergrund der Schülerinnen und Schüler) und anschließend für die vorliegende Broschüre zusammengefasst und aufbereitet.

Arten von Forschungssynthesen

Forschungssynthesen sind Übersichtsarbeiten, die möglichst alle verfügbaren Studien zu einem bestimmten Thema systematisch zusammenfassen. Dabei gibt es verschiedene Formen:

- **Metaanalysen** fassen die Ergebnisse von Primärstudien mit Hilfe statistischer Methoden zusammen.
- **Systematische Reviews** fassen die Ergebnisse von Primärstudien beschreibend zusammen.
- **Second-Order Metaanalysen / Second-Order Reviews** fassen die Ergebnisse von Metaanalysen und/oder Systematischen Reviews zusammen.

Zu den Auswirkungen der verschiedenen Formen von Elternbeteiligung existiert eine umfassende Forschungslage. Neben der Entstehung einer Vielzahl von Einzelstudien - sogenannten Primärstudien - ist in den letzten Jahren auch die Anzahl an Forschungssynthesen zu diesem Thema gestiegen, wie in Abbildung 3 erkennbar ist. Bislang fehlte es allerdings an einer systematischen Auswertung der bereits existierenden Übersichtsarbeiten zum Thema *Elternbeteiligung im schulischen Kontext.*

Zur Beantwortung der Frage, inwiefern Elternbeteiligung mit dem schulischen Erfolg der Kinder und Jugendlichen zusammenhängt, wurde daher ein **Second-Order Review** erstellt, das bestehende Übersichtsarbeiten zu diesem Thema systematisch zusammenfasst. Dabei wurden sowohl Schülerinnen und Schüler mit Benachteiligungsmerkmalen berücksichtigt als auch Schülerinnen und Schüler ohne Benachteiligungsmerkmale.

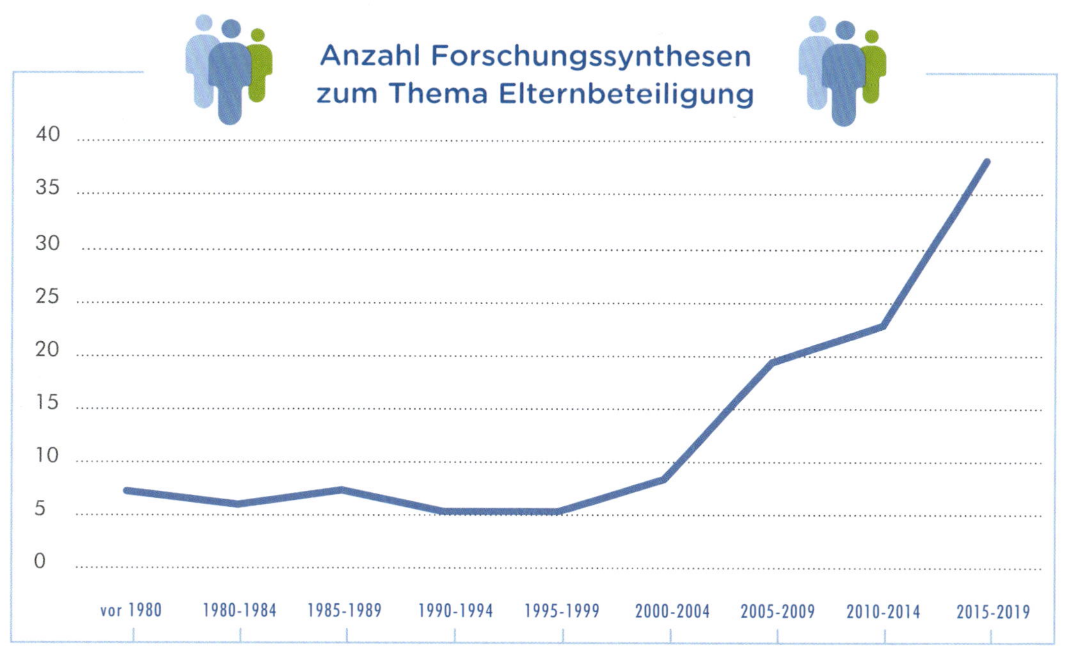

Abbildung 3. Anzahl an Forschungssynthesen zum Thema Elternbeteiligung, die im ersten Schritt der Forschungssynthese mittels systematischer Recherche als Treffer identifiziert wurden, sortiert nach dem Erscheinungsjahr.

Potenziale und Grenzen von Forschungssynthesen:

Das Zusammenführen mehrerer Studien im Rahmen einer Forschungssynthese birgt wertvolle Potenziale und zugleich Grenzen, die bei der Interpretation der Ergebnisse berücksichtigt werden müssen. Einen Überblick über die Potenziale und Grenzen von Forschungssynthesen in der Bildungsforschung liefert Beelmann (2014):

Potenziale:

- Überblick über den Forschungsstand gewinnen
- Unterschiede in Einzelstudien aufdecken und mögliche Einflussfaktoren diskutieren
- Generalisierbarkeit von Ergebnissen erhöhen

Grenzen:

- Gesamteffekte können aufgrund des sogenannten *Publikationsbias* verzerrt sein (i. d. R. werden Studien bevorzugt publiziert, wenn sie statistisch bedeutsame bzw. „positive" Effekte nachweisen im Vergleich zu Studien, die keine entsprechenden Effekte nachweisen)
- Belastbarkeit der Ergebnisse hängt von Qualität der Studienlage ab

Ein Potenzial im Fokus:
Unterschiede aufdecken und diskutieren

Ziel einer Forschungssynthese ist es, die aktuelle Studienlage zu einem bestimmten Thema möglichst erschöpfend abzubilden und zu bewerten. Zwar werden in einer Forschungssynthese jeweils mehrere Studien zu *einem bestimmten* Thema aufgenommen, die eingeschlossenen Studien können sich aber in ihren Rahmenbedingungen unterscheiden. Während sich die Studien einer Forschungssynthese in ihrer Fragestellung also ähneln, unterscheiden sie sich beispielsweise in der Stichprobengröße, im Land, in dem die Studie durchgeführt wurde oder auch im Alter der Studienteilnehmerinnen und -teilnehmer. Diese Unterschiede können auch zu unterschiedlichen und zum Teil widersprüchlichen Befunden führen. Der Einfluss verschiedener Rahmenbedingungen in Einzelstudien kann dann anhand von sogenannten *Moderatoranalysen* näher betrachtet werden. In der Bildungsforschung, in der Rahmenbedingungen in Einzelstudien häufig nur schwer experimentell kontrollierbar sind, bieten Forschungssynthesen die Chance, konkrete Bedingungen, wie z. B. die Altersstufe oder ein bestimmtes Schulfach, als mögliche Erklärungen für widersprüchliche Befunde zu untersuchen.

Im Folgenden werden die Ziele, das Vorgehen sowie die Ergebnisse der Forschungssynthese dargestellt.

2.1 Ziele der Forschungssynthese

Im Rahmen der vorliegenden Forschungssynthese zum Thema Elternbeteiligung stehen die folgenden **Forschungsfragen** im Vordergrund:

- Inwiefern hängen Elternbeteiligung und insbesondere die Verhaltensweisen der drei Dimensionen (*home-based parental involvement, school-based parental involvement* und *academic socialization*) mit der schulischen Leistung und der Motivation von Schülerinnen und Schülern zusammen?
- Inwiefern unterscheiden sich die Zusammenhänge der Elternbeteiligung und dem schulischen Erfolg (d. h. der schulischen Leistung und der Motivation) nach Merkmalen der Schülerinnen und Schüler (d. h. Alter, sozioökonomischer Status und Migrationshintergrund)?

2.2 Methodisches Vorgehen

Um das methodische Vorgehen zur Erstellung der vorliegenden Forschungssynthese zu erläutern, stellen wir im folgenden Abschnitt die einzelnen Schritte kurz dar. Detailliertere Informationen zum Vorgehen bei der Literaturrecherche finden sich im technischen Zusatzmaterial unter folgendem Link: http://go.tum.de/751387

Die grundlegenden Schritte – wie sie auch in Abbildung 4 zu sehen sind – werden in allen Arten von Forschungssynthesen durchlaufen.

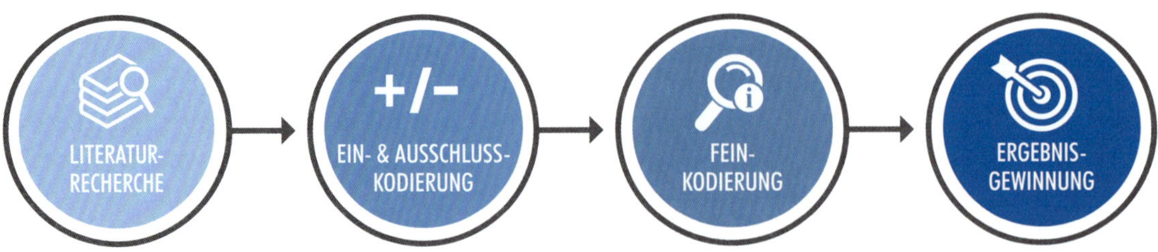

Abbildung 4: Schritte einer Forschungssynthese, beginnend bei der Literaturrecherche.

Literaturrecherche

Für die systematische Gewinnung potenziell relevanter Studien wurden zunächst sogenannte Schlagwörter festgelegt, die die drei thematischen Aspekte *schulischer Erfolg, Elternbeteiligung* und *Forschungssynthese* abdeckten. Mithilfe von Schlagwörtern kann in fachspezifischen Datenbanken gezielt nach wissenschaftlichen Studien zu bestimmten Themen gesucht werden.

Da für die Recherche Datenbanken genutzt wurden, die größtenteils internationale Studien bereitstellen, wurden die Schlagwörter ins Englische übersetzt. Die Berücksichtigung internationaler Forschung ermöglicht nicht nur, über den Tellerrand hinauszublicken und sich damit Anregungen für die eigene Praxis zu holen, sondern auch verschiedene Schulsysteme vergleichend zu betrachten und somit Unterschiede und Gemeinsamkeiten beschreib- und erklärbar zu machen. Um eine möglichst große Bandbreite an bestehenden Studien zu erlangen, wurden mehrere internationale Datenbanken genutzt, die jeweils unterschiedliche Schwerpunkte im Bereich der Sozialwissenschaften berücksichtigen.

Ein- und Ausschlusskodierung

Die Suche mittels der festgelegten Schlagwörter ergab insgesamt 1658 Treffer in den verwendeten Datenbanken. Bei der sogenannten Ein- und Ausschlusskodierung wurden die Titel sowie die Kurzzusammenfassungen dieser Treffer gesichtet und auf thematische Passung geprüft, d. h. es mussten bestimmte Kriterien erfüllt sein, die für die vorliegende Forschungssynthese relevant sind.

Jedes der folgenden Einschlusskriterien musste erfüllt sein (andernfalls wurde die entsprechende Studie von der Forschungssynthese ausgeschlossen):

- Es handelt sich um eine Forschungssynthese (konkret um eine Metaanalyse).
- Die Art der Elternbeteiligung bezieht sich auf den schulischen Kontext.
- Es wird eine Form des schulischen Erfolgs, das heißt schulische Leistung und/oder Motivation, in Abhängigkeit von der elterlichen Beteiligung untersucht.

Feinkodierung

Nach der Ein- und Ausschlusskodierung wurden die Studien feinkodiert, das heißt, es wurden die Informationen aus den Studien extrahiert, die für die Erstellung der vorliegenden Forschungssynthese relevant waren. Die Feinkodierung erfolgte durch zwei wissenschaftliche Mitarbeiterinnen des ZIB, um eine möglichst objektive Einschätzung zu gewährleisten. Im Rahmen der Feinkodierung wurden zur Einschätzung der Studien jeweils die vollständigen Artikel herangezogen, in denen die Studien veröffentlicht wurden.

Da sich in der Regel nicht alle entscheidenden Informationen im Titel bzw. der Kurzzusammenfassung finden, mussten in diesem Schritt nochmals zahlreiche Studien ausgeschlossen werden, da beispielsweise keine Informationen zur Definition von Elternbeteiligung vorhanden waren oder weil es sich zwar um eine Forschungssynthese, nicht aber um eine Metaanalyse handelte. Somit bildet letztlich eine Auswahl von 18 Metaanalysen die Grundlage für das vorliegende Second-Order Review.

Ergebnisgewinnung

Im Schritt der Ergebnisgewinnung wurden alle berücksichtigten Studien hinsichtlich der für die vorliegende Forschungssynthese relevanten Merkmale wie beispielsweise der Dimension der Elternbeteiligung oder der Art des schulischen Erfolgs (schulische Leistung oder Motivation) zusammengeführt und vergleichend analysiert. Welche Erkenntnisse sich in den gewonnenen Daten finden, stellen wir im folgenden Kapitel ausführlich dar.

2.3 Ergebnisse der Forschungssynthese

Für die vorliegende Forschungssynthese wurden insgesamt 18 Metaanalysen berücksichtigt, in denen **Zusammenhänge zwischen elterlicher Beteiligung und schulischem Erfolg** untersucht wurden. In diesen Metaanalysen wurden zwischen 14 und 448 Primärstudien berücksichtigt. Alle Metaanalysen wurden in wissenschaftlichen Fachzeitschriften veröffentlicht und mittels der bereits beschriebenen Recherchestrategie in internationalen Datenbanken ausfindig gemacht. Schulischer Erfolg wird in der vorliegenden Forschungssynthese anhand der schulischen Leistung oder der Motivation der Schülerinnen und Schüler gemessen. Die Zusammenhänge, die sich teils auf die Leistung und teils auf die Motivation der Schülerinnen und Schüler beziehen, sind durchweg positiv, fallen jedoch verschieden groß aus, was beispielsweise mit unterschiedlichen Rahmenbedingungen in den einzelnen Metaanalysen zusammenhängen kann. Im Großteil der Studien wurde die Schulleistung der Schülerinnen und Schüler untersucht – in drei der Studien wurde zusätzlich Motivation berücksichtigt. Eine Übersicht über die berücksichtigten Studien sowie die Art des schulischen Erfolgs und die Formen von Elternbeteiligung, die darin jeweils berücksichtigt wurden, finden Sie in einer **Übersichtstabelle** im technischen Zusatzmaterial unter folgendem Link: http://go.tum.de/751387

Im Folgenden wird differenziert dargestellt, zu welchen Ergebnissen die Metaanalysen in Bezug auf die verschiedenen **Dimensionen von Elternbeteiligung** (*school-based parental involvement, home-based parental involvement* und *academic socialization*) sowie in Bezug auf die **Benachteiligungsmerkmale** sozioökonomischer Status und Migrationshintergrund kommen. Die Art und die Intensität von Elternbeteiligung verändert sich in der Regel mit dem Alter der Schülerinnen und Schüler. Um auch Aussagen in Bezug auf potenzielle altersbezogene Effekte treffen zu können, wird das Schülermerkmal *Alter* in den vorliegenden Auswertungen ebenfalls berücksichtigt.

Jeweils am Ende eines Abschnitts zu den einzelnen Dimensionen und Schülermerkmalen fassen wir die zentralen Forschungserkenntnisse (**Das Wichtigste in Kürze**) zusammen. Dort werden außerdem basierend auf den Ergebnissen Anregungen in Form von **Reflexionsfragen für Lehrkräfte und Schulleitungen** angeboten.

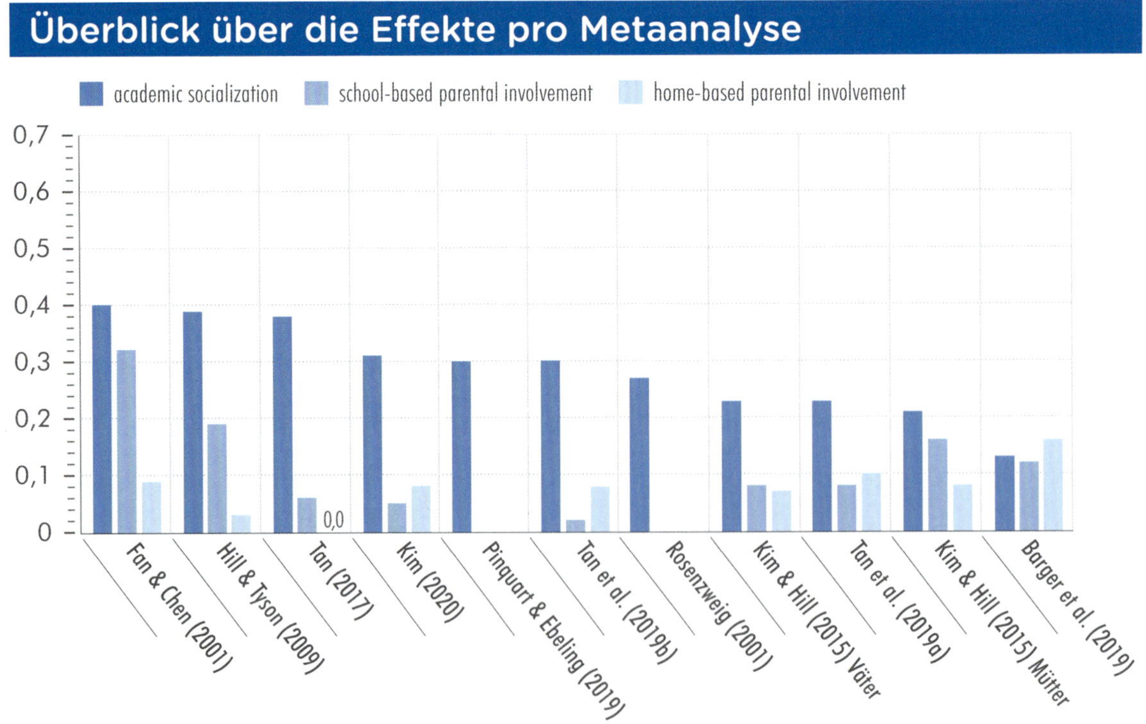

Abbildung 5: Überblick über die Effekte für Schulleistung pro Metaanalyse und Dimension der Elternbeteiligung. In der Abbildung sind aus Gründen der besseren Vergleichbarkeit nur Studien dargestellt, die dieselbe Einheit für die Berechnung des Zusammenhangs verwenden (hier: Korrelationskoeffizient r; Korrelative und kausale Zusammenhänge).

Befunde zur Dimension *school-based parental involvement*:

Die Ergebnisse innerhalb der Dimension *school-based parental involvement* liegen über alle berücksichtigten Studien hinweg im positiven Bereich und bewegen sich hauptsächlich zwischen kleinen und mittleren Zusammenhangseffekten (Korrelative und kausale Zusammenhänge).

Der größte Unterschied in den Zusammenhangseffekten zeigt sich zwischen Fan und Chen (2001) und Tan et al. (2019b). Die Unterschiede in den Effekten, die sich zwischen kleinen und mittelgroßen Zusammenhängen bewegen, lassen sich teilweise mit den im Einzel-nen untersuchten Verhaltensweisen von *school-based parental involvement* erklären: Vergleichsweise vielversprechend für die Leistung der Schülerinnen und Schüler scheinen ehrenamtliche sowie mitbestimmende Tätigkeiten der Eltern zu sein, also z. B. die Mitgliedschaft in Entscheidungsgremien (Barger et al., 2019; Rosenzweig, 2001). Nahezu keinen Zusammenhang mit der Schulleistung findet sich für die Kommunikation zwischen Eltern und Lehrkräften (Rosenzweig, 2001; Tan et al., 2019a; Tan et al., 2019b). Aus diesem Ergebnis lässt sich selbstverständlich nicht ableiten, dass Eltern weniger oft mit Lehrkräften kommunizieren sollten, sondern nur, dass die Kommunikation keinen direkt nachweisbaren Zusammenhang mit der schulischen Leistung der Schülerinnen und Schüler zeigt. Vielmehr könnte es sein, dass die Kommunikation zwischen Eltern und Lehrkräften zunächst die Erwartungen der Lehrkräfte an die Schülerinnen und Schüler verändert und somit nicht *unmittelbar* ein Zusammenhang mit der Schulleistung messbar ist.

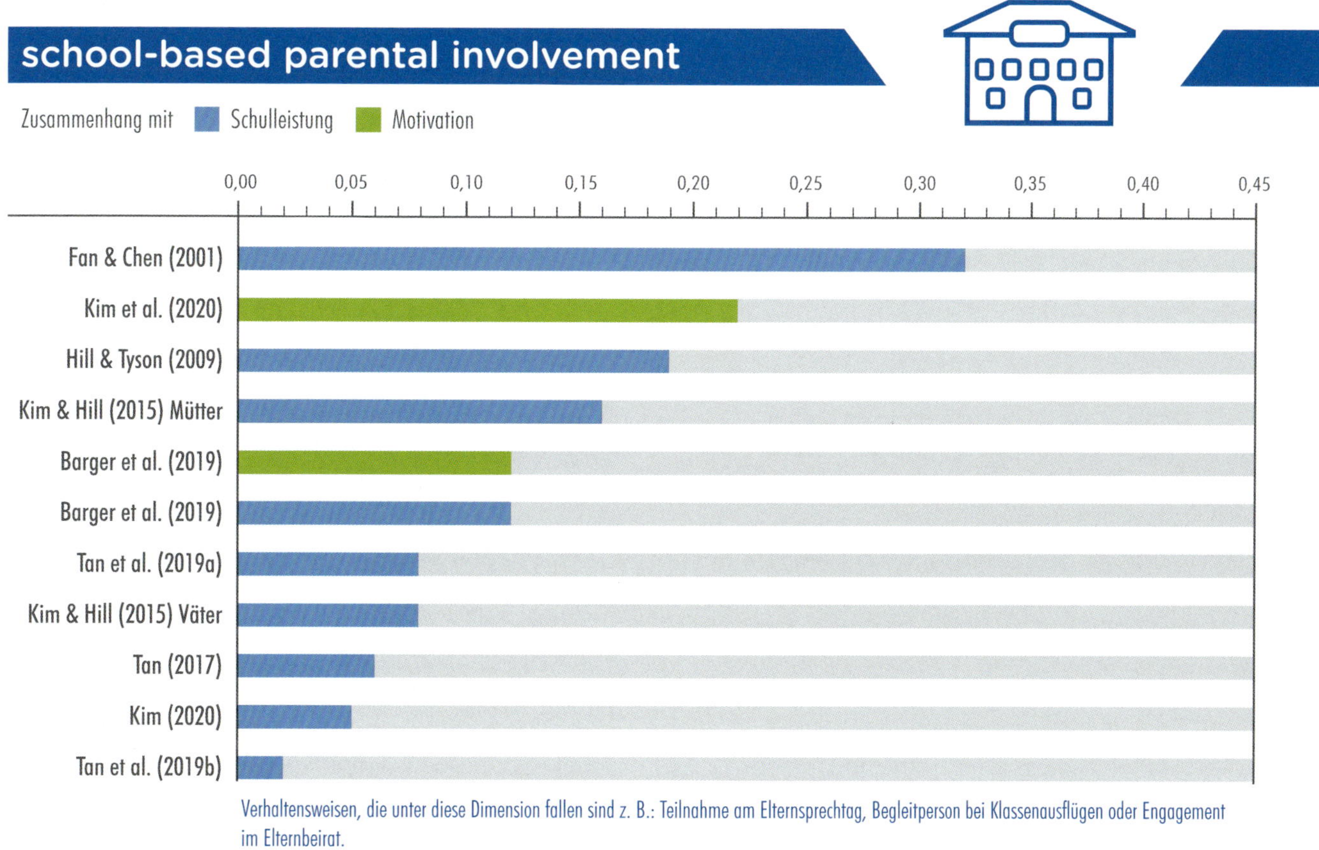

Abbildung 6: Zusammenhänge zwischen den Formen in der Dimension school-based parental involvement und schulischem Erfolg. In der Abbildung sind aus Gründen der besseren Vergleichbarkeit nur Studien dargestellt, die dieselbe Einheit für die Berechnung des Zusammenhangs verwenden (hier: Korrelationskoeffizient r).

In Bezug auf Motivation – in diesem Fall das Engagement der Schülerinnen und Schüler im Schulleben – scheinen hingegen v. a. die elterliche Teilnahme an schulischen Aktivitäten wie Schul- und Klassenveranstaltungen einen positiven Einfluss zu haben (Barger et al., 2019). Allerdings ist auch hier zu berücksichtigen, dass auf Basis der Daten nur auf einen korrelativen Zusammenhang geschlossen werden kann und der Effekt theoretisch auch so zu erklären sein könnte, dass Eltern eher an schulischen Aktivitäten teilnehmen, wenn sich ihre Kinder als motiviert zeigen und sich aktiv engagieren (z. B. bei Aufführungen der Theatergruppe oder Vorträgen an Klassenveranstaltungen).

Das Wichtigste in Kürze: *school-based parental involvement*

Richtung des Zusammenhangseffekts: positiv
Statistische Interpretation des Zusammenhangs: klein bis mittelgroß

Zentrale Forschungserkenntnisse

- Für Leistungsförderung können v. a. ehrenamtliche und mitbestimmende Tätigkeiten hilfreich sein.
- Für Motivation scheint Teilnahme an Schulaktivitäten förderlich.

Reflexionsfragen für Lehrkräfte und Schulleitungen

- Welche Gelegenheiten bieten wir den Eltern an unserer Schule, um aktiv am Schulleben teilzuhaben?
- Bieten wir Raum an unserer Schule, damit Eltern sich auf informelle Art untereinander sowie mit den Lehrkräften austauschen können?
- Biete ich regelmäßig die Gelegenheit zum gegenseitigen Austausch mit den Eltern an?

Unterschiede zwischen mütterlicher und väterlicher Beteiligung

Kim und Hill (2015) gehen in ihrer Metaanalyse der Frage nach, ob sich die Zusammenhänge zwischen Elternbeteiligung und Schulleistung unterscheiden, je nachdem ob die Mutter oder der Vater involviert ist. Mütter beteiligen sich im Durchschnitt häufiger als Väter. Interessant ist, dass sich das väterliche Engagement an der Schule nicht gleichermaßen positiv auf die Leistung der Schülerinnen und Schüler auszuwirken scheint wie das mütterliche Engagement an der Schule – der statistische Unterschied ist jedoch gering. Als Gründe nennen die Autorinnen, dass Väter die Schule eher aufsuchen, wenn es Probleme gibt, während Mütter den Kontakt zur Schule primär suchen, um Informationen zu erhalten. Dies spiegelt möglicherweise auch eine unterschiedliche Rollenverteilung bei Müttern und Vätern wider.

Väterliche Beteiligung

Zwei Studien beschäftigen sich explizit mit der väterlichen Beteiligung und dem Zusammenhang mit verschiedenen Aspekten des Wohlbefindens ihrer Kinder (Jeynes, 2015) – eine davon betrachtet hier konkret die Gruppe getrenntlebender Väter (Adamson & Johnson, 2013). Die väterliche Beteiligung steht in einem kleinen, aber positiven Zusammenhang mit dem allgemeinen Wohlbefinden der Kinder – und damit indirekt auch mit der schulischen Leistung. Die reine finanzielle Unterstützung durch den Vater und das zeitliche Ausmaß des Kontakts hängen allerdings nicht mit dem Wohlbefinden der Kinder zusammen (Adamson & Johnson, 2013). Es scheint also eher auf die Qualität der väterlichen Beteiligung anzukommen als auf die Quantität.

Korrelative und kausale Zusammenhänge

Wenn es in der Forschung um den Einfluss bestimmter Verhaltensweisen geht, werden häufig Zusammenhangseffekte - sogenannte Korrelationskoeffizienten - berechnet. Damit können Antworten auf folgende Fragen gefunden werden: (1) Besteht ein Zusammenhang zwischen zwei Variablen (z. B. elterliche Beteiligung und schulischer Erfolg), (2) in welche Richtung weist der Zusammenhang (positiv oder negativ) und (3) wie stark ist der Zusammenhang?

Inwieweit ein Zusammenhang besteht (1) wird meist anhand eines Signifikanztests überprüft. Statistisch bedeutsam - man spricht auch von statistisch signifikant - ist der Zusammenhang dann, wenn das Ergebnis zu einer vorab festgelegten Wahrscheinlichkeit *nicht* auf den Zufall zurückzuführen ist. Ein Signifikanzniveau von 5 % meint, dass das Ergebnis mit einer Wahrscheinlichkeit von maximal 5 % durch einen Zufall zustande gekommen ist. Beobachtet man beispielsweise eine verstärkte elterliche Beteiligung und zudem eine erhöhte Schulleistung, spricht man von einem positiven Zusammenhangseffekt (2).

Ein gefundener Zusammenhang sagt allerdings nicht zwingend etwas darüber aus, ob es sich um eine *kausale Beziehung* handelt, ob also die Elternbeteiligung als Ursache für die höhere Schulleistung angesehen werden kann. Genauso gut könnte die Wirkrichtung auch umgekehrt sein, nämlich, dass eine höhere Schulleistung eine höhere Elternbeteiligung auslöst.

Wie ist der Wert eines Zusammenhangseffekts statistisch zu interpretieren?

Der Wert des Korrelationskoeffizienten gibt Aufschluss über die Stärke des Zusammenhangs (3). Der Korrelationskoeffizient kann Werte zwischen -1 und +1 annehmen.

Für die Interpretation der Stärke eines Zusammenhangs gibt es verschiedene Daumenregeln. Wir wenden hier zur Einordnung der Befunde eine relativ weit verbreitete Daumenregel nach Cohen (1988) an, nach der Zusammenhangseffekte in *kleine, mittelgroße* und *große* Zusammenhänge kategorisiert werden.

Kategorien nach Cohen

Kleiner Zusammenhangseffekt	Mittelgroßer Zusammenhangseffekt	Großer Zusammenhangseffekt
| 0,10 |	| 0,30 |	| 0,50 |

Was bedeutet dies für die praktische Bedeutsamkeit?

Während ein Zusammenhangseffekt von 0,3 statistisch gesehen lediglich als mittelgroß eingestuft wird, kann seine praktische Bedeutsamkeit dagegen groß sein. Zur Einordnung der praktischen Bedeutsamkeit eines Effekts werden in einem bestimmten Forschungsfeld oftmals bereits bestehende Ergebnisse zum Vergleich herangezogen. Danisman und Kollegen (2019) beispielsweise berichten in ihrer Metaanalyse zu Lehrermerkmalen und Schulleistung einen durchschnittlichen Zusammenhangseffekt von 0,17 für Schülerinnen und Schüler der Grundschule. Gajda und Kollegen (2017) finden einen Zusammenhang zwischen Kreativität und schulischer Leistung von durchschnittlich 0,22. Im Vergleich mit diesen Effekten sind ein Zusammenhangseffekt von 0,3 - also ein statistisch gesehen mittelgroßer Zusammenhangseffekt - und damit auch die durchschnittlichen Ergebnisse der vorliegenden Forschungssynthese für die Förderung des schulischen Erfolgs vergleichsweise vielversprechend. Ein statistisch *nicht* bedeutsames Ergebnis bzw. ein nur kleiner oder mittelgroßer Effekt können also durchaus von wesentlicher *praktischer* Bedeutsamkeit sein.

Befunde zur Dimension *home-based parental involvement:*

Die Ergebnisse innerhalb der Dimension *home-based parental involvement* weisen darauf hin, dass die entsprechenden Formen nur in geringem Ausmaß in Zusammenhang mit der Schulleistung stehen, auf die Motivation der Schülerinnen und Schüler jedoch stärker einwirken können.

Bei einem differenzierten Blick auf die Zusammenhangseffekte fällt auf, dass die tendenziell kleinen Zusammenhänge mit der Schulleistung durch unterschiedliche Wirkrichtungen der Einzelformen entstehen: Während die Unterstützung bei den Hausaufgaben teilweise zu negativen Zusammenhangseffekten führt, trägt die Gestaltung eines angemessenen Lernplatzes und einer lernförderlichen Umgebung zuhause zu positiven Effekten in Bezug auf die Schulleistung bei (z. B. Tan et al., 2019b). In *einer* Dimension zusammengefasst gleichen sich diese Effekte dann wiederum aus.

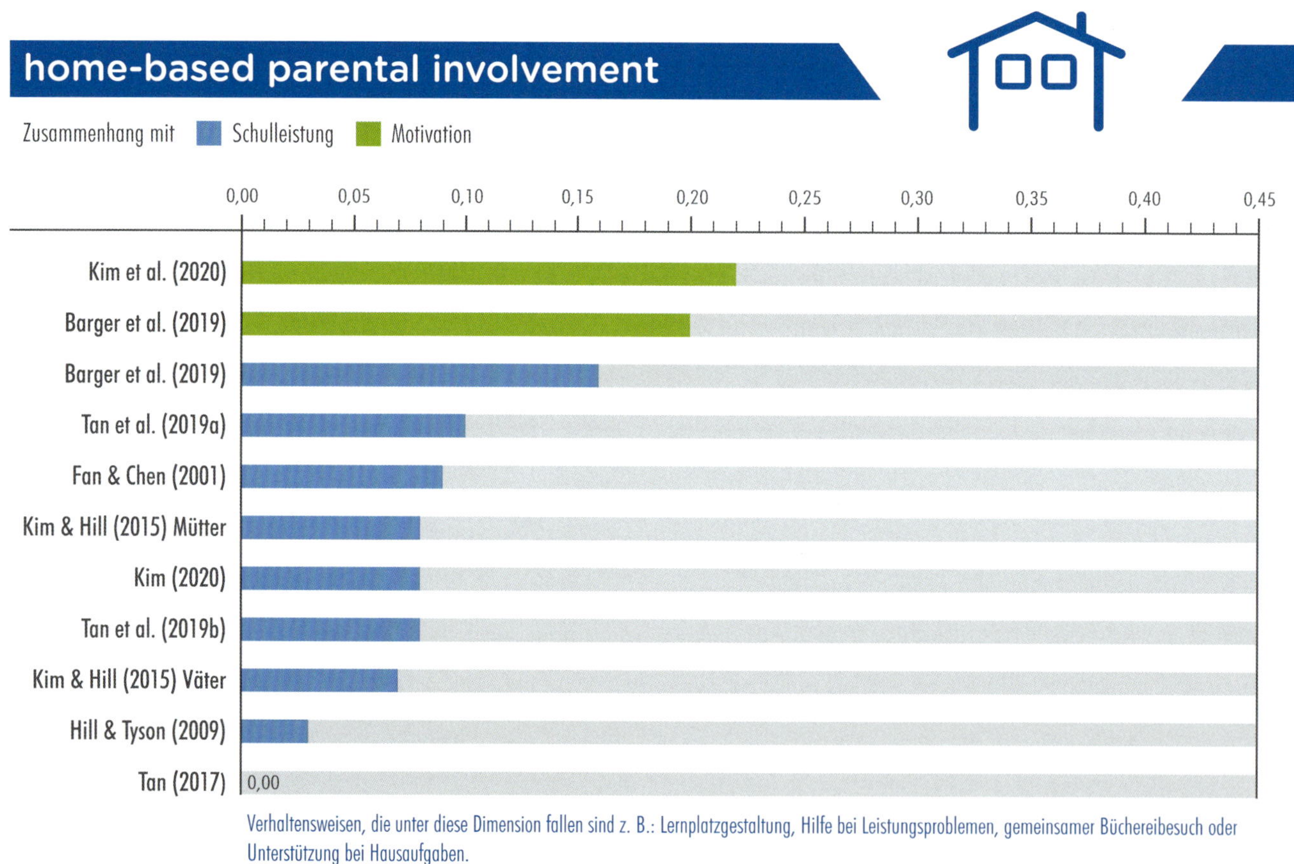

Abbildung 7: Zusammenhänge zwischen den Formen in der Dimension home-based parental involvement und schulischem Erfolg. In der Abbildung sind aus Gründen der besseren Vergleichbarkeit nur Studien dargestellt, die dieselbe Einheit für die Berechnung des Zusammenhangs verwenden (hier: Korrelationskoeffizient r).

Das Wichtigste in Kürze: *home-based parental involvement*

Richtung des Zusammenhangseffekts: positiv
Statistische Interpretation des Zusammenhangs: klein

Zentrale Forschungserkenntnisse

- Formen dieser Dimension scheinen v. a. für die Motivation förderlich.
- Für Schulleistung zeigt sich insbesondere eine lernförderliche Umgebung zuhause begünstigend.
- In Bezug auf die Hausaufgabenunterstützung finden sich teils negative Zusammenhangseffekte.

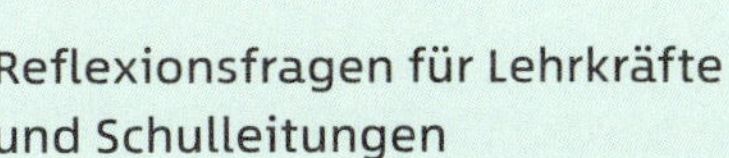

Reflexionsfragen für Lehrkräfte und Schulleitungen

- In welchem Rahmen können wir Eltern wichtige Informationen vermitteln wie z. B. in Bezug auf die Gestaltung einer lernförderlichen Umgebung zuhause?
- Inwiefern treffe ich klare und regelmäßige Absprachen mit den Eltern?
- Welche Informationen gebe ich den Eltern mit, damit sie auch zuhause ihre Kinder bestmöglich fördern und unterstützen können?

Ergebnisse zur Unterform Hausaufgaben

Zur elterlichen Unterstützung bei den Hausaufgaben liegen umfangreiche Forschungsbefunde vor, weshalb wir diese hier separat betrachten. Unter die elterliche Unterstützung bei den Hausaufgaben fällt eine Bandbreite an Verhaltensweisen, wie zum Beispiel die folgenden:

- **Aufstellen von Regeln** zum Anfertigen der Hausaufgaben
- **Helfen** bei **Schwierigkeiten**
- **Ermutigen** zum **selbstständigen Arbeiten**
- **Kontrollieren** der Hausaufgaben

Zwar werden beispielsweise im Falle einer Ganztagsbeschulung die Hausaufgaben größtenteils bereits in der Schule erledigt, die hier berichteten Forschungsbefunde können jedoch als Anregungen für weitere Formen des häuslichen Lernens dienen. Ebenso breit gefächert wie die Verhaltensweisen selbst sind die Ergebnisse der Metaanalysen in Bezug auf die Auswirkungen elterlicher Hausaufgabenunterstützung. Manche Studien finden negative Zusammenhänge mit der Schulleistung (z. B. Barger et al., 2019; Hill & Tyson, 2009; Jeynes, 2005; Kim & Hill, 2015; Rosenzweig, 2001), andere zeigen positive Zusammenhänge mit Schulleistung oder Motivation (Barger et al., 2019; Fan & Chen, 2001; Patall et al., 2008). Wieder andere finden dagegen gar keinen Zusammenhang mit der Schulleistung (Tan et al., 2019b).

Hausaufgaben

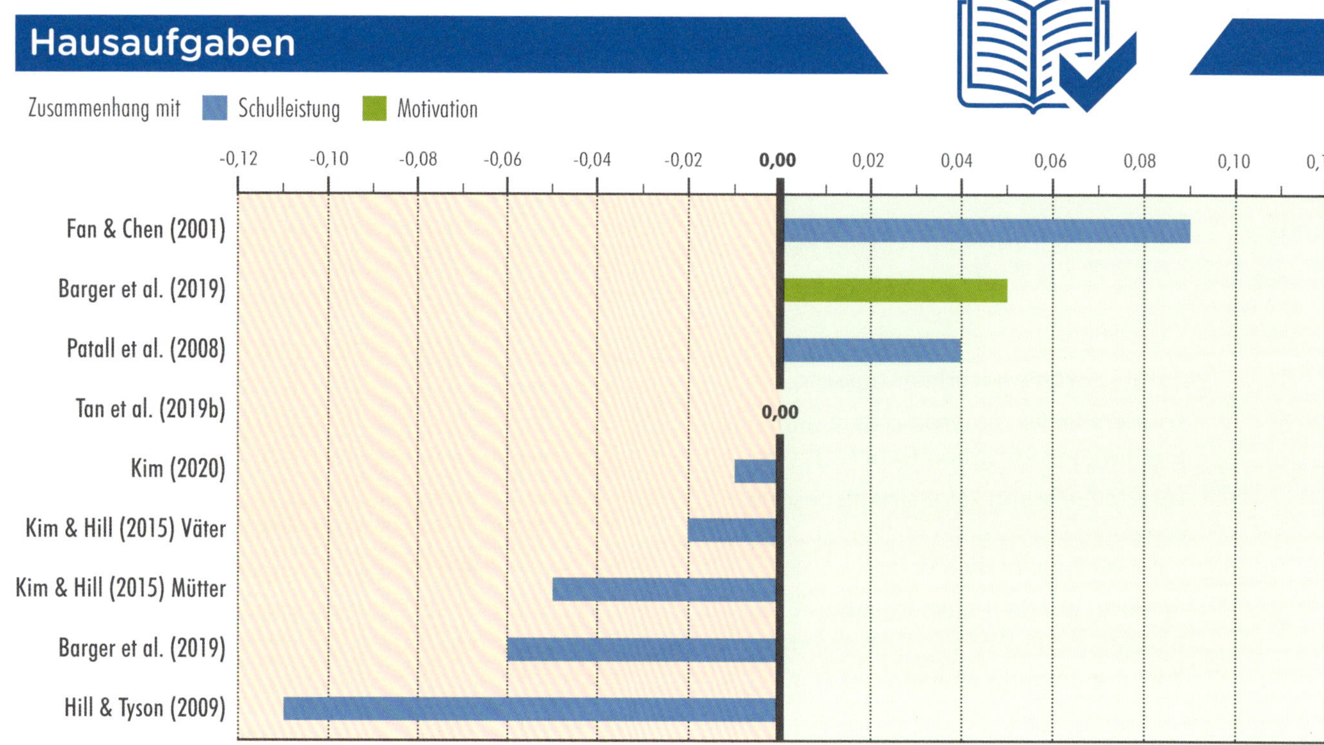

Abbildung 8: Zusammenhänge zwischen elterlicher Beteiligung bei den Hausaufgaben und schulischem Erfolg. In der Abbildung sind aus Gründen der besseren Vergleichbarkeit nur Studien dargestellt, die dieselbe Einheit für die Berechnung des Zusammenhangs verwenden (hier: Korrelationskoeffizient r).

Hausaufgabenunterstützung

Ein besonders differenziertes Bild zeichnet die Metaanalyse von Patall et al. (2008), die sich ausschließlich mit den Auswirkungen elterlicher Beteiligung in Bezug auf Hausaufgaben beschäftigt. Die Autorinnen und Autoren berichten einen kleinen positiven Zusammenhang mit der Schulleistung, weisen aber darauf hin, dass der Effekt je nach Alter der Kinder und Jugendlichen, je nach Verhaltensweise der Eltern und je nach Schulfach variiert. Während beispielsweise die elterliche Hausaufgabenunterstützung in sprachlichen Fächern und dem Lesen mit statistisch bedeutsamen positiven Effekten einhergeht, finden sich für das Fach Mathematik statistisch bedeutsame negative Zusammenhangseffekte. Gründe dafür könnten einerseits im fehlenden fachspezifischen Wissen aufseiten der Eltern liegen, andererseits kann ein negativer Zusammenhang auch dadurch zustande kommen, dass die Eltern erst *aufgrund* von schlechteren Leistungen aktiv Unterstützung zeigen.

Das Wichtigste in Kürze: Verhaltensweisen bei der Hausaufgabenunterstützung und deren Auswirkungen

Verhaltensweisen, die positive Effekte erzeugen können

- Regeln festlegen, in welchem Zeitrahmen und an welchem Ort die Hausaufgaben erledigt werden sollen (s. auch Fan & Chen, 2001)
- Klares Kommunizieren von Erwartungen bezüglich der Hausaufgabenanfertigung
- Verstärken von erwünschtem Verhalten, um selbstreguliertes Lernen anzubahnen (z. B. durch Loben)
- Feedback über die Genauigkeit bei der Aufgabenbearbeitung geben
- Anbieten von Hilfestellungen und Anleitungen zum Vorgehen
- Ermutigen zur Entwicklung eigener Lösungswege und Ideen (s. auch Vasquez et al., 2016)

Verhaltensweisen, die negative Effekte erzeugen können

- Reines Überwachen der Hausaufgabenanfertigung
- Kontrollieren der Hausaufgaben ausschließlich im Nachhinein

Befunde zur Dimension *academic socialization*:

Die Ergebnisse innerhalb der Dimension *academic socialization* zeigen im Vergleich mit den anderen beiden Dimensionen insgesamt die größten Effekte, nämlich mittelgroße Zusammenhänge.

Bei differenzierter Betrachtung der verschiedenen Formen innerhalb dieser Dimension fällt besonders die Einzelform elterliche Bildungserwartungen auf, die über die Metaanalysen hinweg die stärksten positiven Zusammenhangseffekte erzeugt: Absolut betrachtet liegen die Zusammenhänge im mittelgroßen positiven Bereich (Fan & Chen, 2001; Jeynes, 2005; Jeynes, 2007; Pinquart & Ebeling, 2019; Rosenzweig, 2001; Tan, 2017; Tan et al., 2019a; Tan et al., 2019b). In einzelnen Metaanalysen berücksichtigte Unterformen wie Diskussionen über schulbezogene Themen (Tan, 2017) oder die Betonung der Wichtigkeit von Bildung im Allgemeinen (Tan et al., 2019b) erzielen hingegen nur kleine, jedoch ebenfalls positive Zusammenhangseffekte.

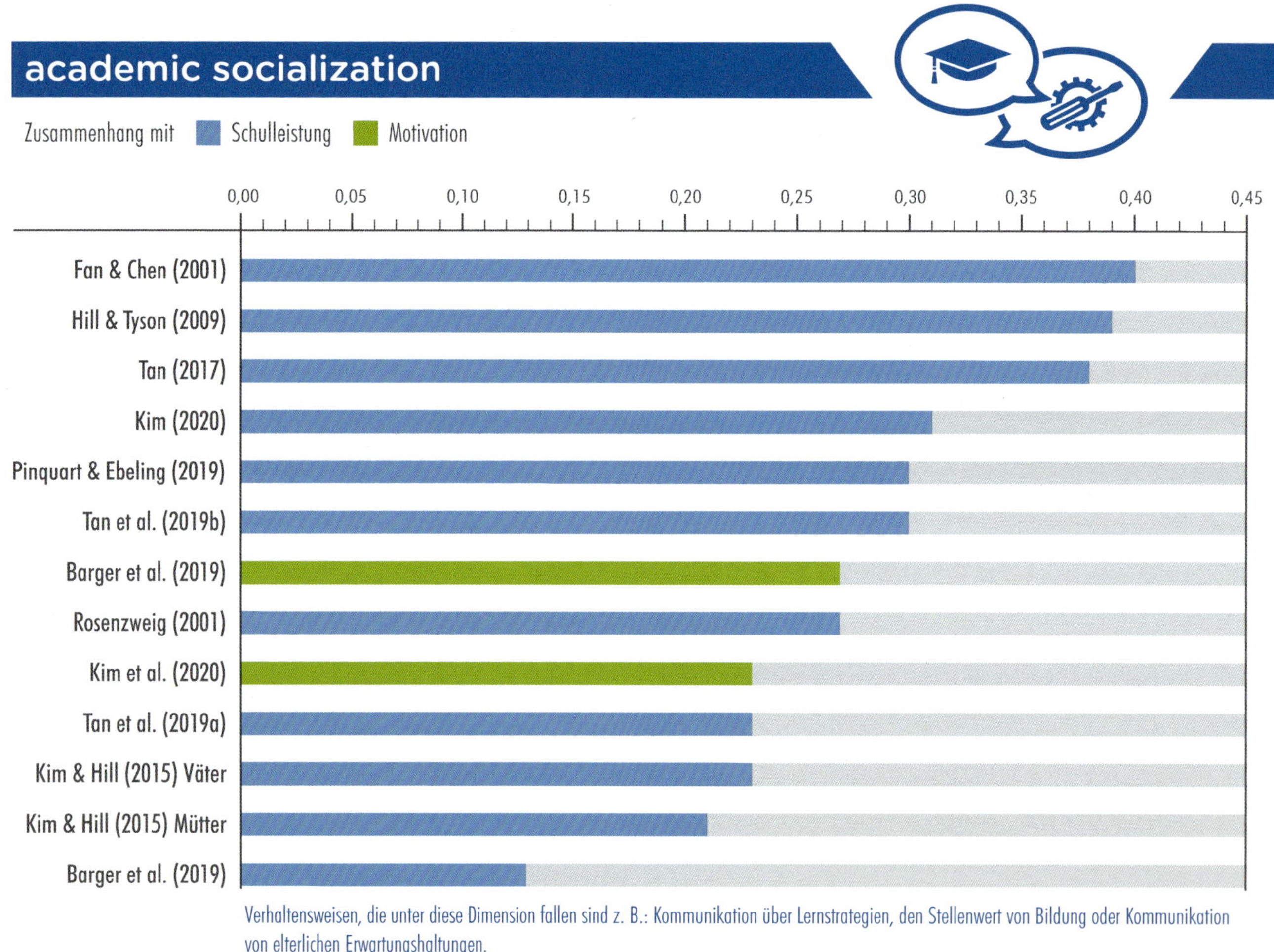

Abbildung 9: Zusammenhänge zwischen den Formen in der Dimension academic socialization und schulischem Erfolg. In der Abbildung sind aus Gründen der besseren Vergleichbarkeit nur Studien dargestellt, die dieselbe Einheit für die Berechnung des Zusammenhangs verwenden (hier: Korrelationskoeffizient r).

Das Wichtigste in Kürze: *academic socialization*

Richtung des Zusammenhangseffekts: positiv
Statistische Interpretation des Zusammenhangs: mittelgroß

Zentrale Forschungserkenntnisse

- Formen dieser Dimension weisen hier den stärksten Zusammenhang mit Schulleistung auf.
- Elterliche Bildungserwartungen scheinen zentral für die Schulleistung.
- Elterliche Bildungserwartungen können v. a. leistungsnahe Variablen wie das Selbstkonzept der Kinder oder deren eigene Bildungserwartungen beeinflussen.

Reflexionsfragen für Lehrkräfte und Schulleitungen

- Spreche ich mit den Eltern über ihre persönlichen Bildungserwartungen für ihre Kinder?
- Kläre ich die Eltern über die verschiedenen möglichen Bildungswege auf?
- Wie gehe ich dabei mit Bedenken und Sorgen der Eltern um?
- In welchen Situationen bietet es sich an, Bildungserwartungen und ihre Umsetzung zu thematisieren?

Elterliche Bildungserwartungen und schulische Leistung

Pinquart und Ebeling (2019) zeigen in ihrer Metaanalyse, dass höhere Bildungserwartungen bessere schulische Leistungen zur Folge haben können, aber auch *umgekehrt*, bessere schulische Leistungen zu höheren elterlichen Bildungserwartungen führen können. Die Autoren stellen außerdem fest, dass elterliche Bildungserwartungen v. a. auf Variablen wirken, die ihrerseits eng mit der Schulleistung verbunden sind wie etwa das Selbstkonzept, das schulische Engagement oder die Bildungserwartungen der Kinder und Jugendlichen selbst. Diese Variablen nehmen eine Vermittlungsfunktion zwischen elterlicher Bildungserwartung und der Schulleistung ein und verstärken dadurch die positiven Effekte von hohen elterlichen Bildungserwartungen. Laut den Autoren scheint das Vermitteln von positiven Bildungserwartungen oder die Stärkung des akademischen Selbstkonzepts vielversprechender für die Förderung der Schulleistung zu sein als der Versuch einer direkten Beeinflussung der schulischen Leistung beispielsweise durch die Kontrolle der Hausaufgaben.

Befunde nach verschiedenen Schülermerkmalen:

In den vorangegangenen Abschnitten wurden die verschiedenen Formen von Elternbeteiligung hinsichtlich ihrer Zusammenhänge mit dem schulischen Erfolg von Schülerinnen und Schülern analysiert. Die Befunde weisen darauf hin, dass Elternbeteiligung eine wichtige Rolle einnehmen kann, um den schulischen Erfolg von Schülerinnen und Schülern zu fördern.

Ausgehend von den Befunden zur Bildungsungleichheit und der Tatsache, dass sich die Schulleistungen von Schülerinnen und Schülern in Abhängigkeit ihrer sozialen Herkunft oder des Migrationshintergrunds unterscheiden, nehmen wir hier insbesondere die Beteiligung von Eltern benachteiligter Schülerinnen und Schüler in den Blick. Neben den Hinweisen auf mögliche Besonderheiten bei der Zusammenarbeit von Schule mit benachteiligten Familien in Kapitel 1 wurde auch im Rahmen der Forschungssynthese untersucht, welche Rolle Elternbeteiligung für den schulischen Erfolg benachteiligter Schülerinnen und Schüler spielt. Hierfür wurden diejenigen Metaanalysen ausgewertet, die Zusammenhänge zwischen Elternbeteiligung und schulischem Erfolg in Anhängigkeit der hier betrachteten Benachteiligungsmerkmale (sozioökonomischer Status oder Migrationshintergrund) untersucht haben. Um zudem Aussagen über gegebenenfalls altersabhängige Effekte treffen zu können, wird zunächst auf das Merkmal *Alter der Schülerinnen und Schüler* eingegangen.

Bedeutung der Dimensionen von Elternbeteiligung variiert mit Alter der Schülerinnen und Schüler:

Die Mehrzahl der berücksichtigten Studien findet einen sogenannten *Alterseffekt*. Dies bedeutet, dass sich die Stärke der Zusammenhänge zwischen Elternbeteiligung und Schulleistung je nach Altersstufe der Kinder und Jugendlichen verändert. Mit zunehmendem Alter werden insbesondere die positiven Zusammenhänge der Dimension *academic socialization* (v. a. Diskussionen über Bildungsziele und Berufspläne) mit der Schulleistung stärker. An Schulen kann dieses Potenzial genutzt werden, indem etwa Themenabende zu möglichen Bildungswegen angeboten und den Eltern Informationen über Lernstrategien an die Hand gegeben werden.

Zudem stimmen die Metaanalysen insofern überein, als die Unterstützung bei den Hausaufgaben für Schülerinnen und Schüler im mittleren Schulalter negative Zusammenhangseffekte erzeugt (Barger et al., 2019; Hill & Tyson, 2009; Patall et al., 2008).

Mögliche Gründe dafür sind:

- Hausaufgabenunterstützung im Alter der Adoleszenz interferiert mit dem Bedürfnis nach Eigenständigkeit und Autonomie.
- Unterstützung bei den Hausaufgaben findet eher dann statt, wenn die Schülerinnen und Schüler bereits schlechte Leistungen aufweisen.
- Eltern präsentieren Lerninhalte anders als Lehrkräfte und verwirren durch abweichende Erklärungen.
- Die Unterstützung ist von Kontrollzwang und Druck geprägt.

Das Wichtigste in Kürze: Schülermerkmal *Alter*

Zentrale Forschungserkenntnisse

- Über die Altersstufen hinweg können alle drei Dimensionen der Elternbeteiligung als wichtig erachtet werden.
- Die Bedeutsamkeit einzelner Dimensionen scheint sich mit der Weiterentwicklung des Kindes zu verändern.
- Unterstützung bei Hausaufgaben kann sich unter Umständen negativ auf die Schulleistung von Kindern mittleren Schulalters auswirken.

Stärkere Zusammenhangseffekte für Kinder aus Haushalten mit höherem sozioökonomischen Status:

An dieser Stelle sei angemerkt, dass insgesamt nur wenige Metaanalysen untersucht haben, inwiefern sich die Zusammenhänge zwischen Elternbeteiligung und schulischem Erfolg in Abhängigkeit vom sozioökonomischen Status unterscheiden.

Bei Formen der Elternbeteiligung, bei denen Eltern auf eigene Bildungserfahrungen zurückgreifen, wie z. B. bei der Unterstützung beim häuslichen Lernen, finden sich stärkere Zusammenhänge zwischen Elternbeteiligung und schulischem Erfolg für Kinder und Jugendliche aus Haushalten mit höherem sozioökonomischen Status (Tan et al., 2019a). Dies könnte damit zusammenhängen, dass Eltern mit höherem Bildungsabschluss hier auf mehr Ressourcen an Wissen und Lernstrategien zurückgreifen können als Eltern mit niedrigerem Bildungsabschluss. Besonders in sprachlichen Fächern sind die Zusammenhänge größer, wenn die Eltern über einen höheren Bildungsabschluss verfügen (Tan et al., 2019a). Eine mögliche Erklärung hierfür ist, dass im Vergleich zu mathematisch-naturwissenschaftlichen Leistungserhebungen bei Aufgabenbearbeitungen im Bereich der sprachlichen Fächer immer auch subjektiv-stilistische Elemente wie z. B. die Wortwahl einfließen, welche wiederum stark vom Elternhaus beeinflusst werden.

Auch was die Kommunikation mit Lehrkräften angeht, zeigen sich größere Zusammenhangseffekte, wenn Eltern über einen höheren Bildungsabschluss verfügen (Tan et al., 2019a). Vermutlich kommunizieren diese Eltern häufiger und „leichter" mit den Lehrkräften, da sie mit höherer Wahrscheinlichkeit einen den Lehrkräften ähnlichen Habitus aufweisen. Auch teils unbewusste Vorurteile aufseiten der Lehrkräfte gegenüber bildungsferneren Eltern sind als Ursache hier nicht auszuschließen.

Vielversprechende Zusammenhangseffekte auch für Kinder aus Haushalten mit niedrigerem sozioökonomischen Status:

Gleichzeitig legen die Ergebnisse einer Metaanalyse von Patall et al. (2008) nahe, dass insbesondere Kinder und Jugendliche von der Hausaufgabenunterstützung profitieren können, die aus Familien mit niedrigem sozioökonomischen Status stammen. Mindestens gleichstarke Zusammenhänge für Kinder und Jugendliche aus Familien mit höherem sozioökonomischen Status und Kinder und Jugendliche aus Familien mit niedrigerem sozioökonomischen Status berichten mehrere Metaanalysen für die Form *elterliche Teilnahme an Schulaktivitäten* (Barger et al., 2019; Rosenzweig, 2001; Tan et al., 2019a). Nicht zuletzt stellen Ma et al. (2016) in ihrer Metaanalyse fest, dass der Zusammenhang zwischen Elternbeteiligung und Schulleistung nicht durch den sozioökonomischen Status der Eltern beeinflusst wird. Dies spricht dafür, dass Elternbeteiligung als Potenzial für den schulischen Erfolg *aller* Schülerinnen und Schüler angesehen werden kann.

Das Wichtigste in Kürze: Schülermerkmal *sozioökonomischer Status*

Zentrale Forschungserkenntnisse

- Berücksichtigung des sozioökonomischen Status erfolgte in nur wenigen Metaanalysen.
- Kinder aus Haushalten mit höherem sozioökonomischen Status scheinen (möglicherweise aufgrund elterlicher Bildungsressourcen) stärker von Unterstützung beim häuslichen Lernen zu profitieren.
- Kinder aus Haushalten mit niedrigem sozioökonomischen Status können jedoch insbesondere durch Hilfe bei den Hausaufgaben profitieren.
- Gleichstarke Effekte zeigen sich in Bezug auf die Teilnahme an schulischen Aktivitäten für Kinder aus Familien mit niedrigerem und höherem sozioökonomischen Status.

Reflexionsfragen für Lehrkräfte und Schulleitungen

- Inwiefern werden bei schulischen Angeboten insbesondere die Bedürfnisse von Eltern benachteiligter Kinder berücksichtigt?
- Welche Maßnahmen ergreifen wir als Schule, um insbesondere die Zusammenarbeit mit Eltern benachteiligter Kinder zu stärken?
- Bin ich als Lehrkraft für *alle* Eltern gut erreichbar? Was könnte ich tun, damit die Zusammenarbeit mit zurückhaltenden Eltern gestärkt werden kann?

Vielversprechend, aber kaum erforscht: die Rolle des Migrationshintergrunds

Lediglich in der Metaanalyse von Kim et al. (2020) wurden Schülerinnen und Schüler mit Migrationshintergrund fokussiert betrachtet. Die Ergebnisse weisen auf kleine positive, aber statistisch bedeutsame Zusammenhänge zwischen elterlicher Beteiligung und der Motivation von Kindern und Jugendlichen mit Migrationshintergrund hin – dies gilt für alle berücksichtigten Formen. Zwei Studienergebnisse sind im Hinblick auf die gezielte Förderung von Schülerinnen und Schülern mit Migrationshintergrund besonders interessant: Erstens zeigte sich die aktive elterliche Unterstützung bei den Hausaufgaben als besonders motivationsfördernd. Zweitens waren die Zusammenhänge zwischen elterlicher Beteiligung und der Motivation der Schülerinnen und Schüler stärker als die Zusammenhänge zwischen dem sozioökonomischen Status bzw. dem Bildungsniveau der Eltern und der Motivation.

Auch das Ergebnis, dass der Zusammenhang zwischen Elternbeteiligung und der Schulleistung durch die Motivation der Schülerinnen und Schüler beeinflusst wird, spielt in diesem Kontext eine bedeutende Rolle: Wird die Motivation der Kinder und Jugendlichen durch elterliche Beteiligung begünstigt, so kann dies – zumindest indirekt – auch die Schulleistung positiv beeinflussen.

Das Wichtigste in Kürze: Schülermerkmal *Migrationshintergrund*

Zentrale Forschungserkenntnisse

- Berücksichtigung des Migrationshintergrunds erfolgte in nur einer Metaanalyse.
- Für Kinder mit Migrationshintergrund zeigt sich insbesondere elterliche Unterstützung bei den Hausaufgaben als hilfreich.
- Effekte der Elternbeteiligung auf Schulleistung werden durch die Motivation der Schülerinnen und Schüler mit Migrationshintergrund beeinflusst.
- Elterliche Beteiligung scheint für Motivation der Kinder wichtiger zu sein als etwa der sozioökonomische Status.

Reflexionsfragen für Lehrkräfte und Schulleitungen

- Kommuniziere ich meine geplanten Unterrichtsinhalte und -prinzipien transparent und für alle Eltern verständlich?
- Wie trete ich (potenziellen) sprachlichen Verständnisproblemen entgegen?
- Wie schaffen wir an unserer Schule Akzeptanz und Sichtbarkeit für ein mehrsprachiges Miteinander?
- Welche Möglichkeiten bieten wir als Schule den Lehrkräften, um sich im interkulturellen Umgang gezielt fortzubilden?

Welche Schlüsse können aus den Forschungsbefunden für die Elternbeteiligung von benachteiligten Schülerinnen und Schülern gezogen werden?

Eltern mit höherem Bildungsabschluss scheinen auf mehr Ressourcen (z. B. Wissen, Lernstrategien oder Bildungserfahrungen) zurückgreifen zu können als Eltern mit niedrigerem Bildungsabschluss. Demnach kann es bei der Förderung von benachteiligten Schülerinnen und Schülern beispielsweise nützlich sein, wenn Schulen regelmäßig Kurse oder Informationsnachmittage für Eltern zur adäquaten Hausaufgabenunterstützung anbieten. Weiterhin sollten Schulen möglichst gezielt Gelegenheiten für *alle* Eltern zur Teilnahme an Schulaktivitäten bieten und dies adressatengerecht kommunizieren.

In jedem Fall lässt sich die Empfehlung ableiten, dass Lehrkräfte gerade Eltern mit niedrigerem Bildungsabschluss in ambitionierten und zugleich realistisch erreichbaren Bildungserwartungen in Bezug auf ihre Kinder unterstützen sollten. Auch teils unbewusste Vorurteile aufseiten der Lehrkräfte sind als Ursache für die größeren Zusammenhangseffekte bei Familien mit höherem sozioökonomischen Status nicht auszuschließen. Tan et al. (2019a) formulieren in diesem Zusammenhang das Desiderat, Lehrkräften fortwährend die Möglichkeit zu bieten, sich im Umgang mit Eltern aus anderen Kulturkreisen bzw. mit anderen Berufsbiografien fortzubilden.

Zusammenfassung und Fazit:

Ziel dieser Forschungssynthese war es, die folgenden **Forschungsfragen** zu beantworten:

- Inwiefern hängen Elternbeteiligung und insbesondere die Verhaltensweisen der drei Dimensionen (*home-based parental involvement, school-based parental involvement* und *academic socialization*) mit der schulischen Leistung und der Motivation von Schülerinnen und Schülern zusammen?
- Inwiefern unterscheiden sich die Zusammenhänge der Elternbeteiligung und dem schulischen Erfolg (d. h. der schulischen Leistung und der Motivation) nach Merkmalen der Schülerinnen und Schüler (d. h. Alter, sozioökonomischer Status und Migrationshintergrund)?

Über die betrachteten Metaanalysen hinweg lässt sich feststellen, dass jede der drei Dimensionen der Elternbeteiligung eigenständige und bedeutsame Zusammenhangseffekte mit dem schulischen Erfolg der Kinder zeigt. Auch deuten die Ergebnisse insgesamt darauf hin, dass Elternbeteiligung langfristig – also über die Altersstufen der Kinder und Jugendlichen hinweg – wirksam sein kann. Die verschiedenen Formen der Elternbeteiligung sollten daher über die gesamte Schulzeit hinweg kontinuierlich eingesetzt und gefördert werden. Schulen können hierfür das Bewusstsein der Eltern fördern, dass die Beteiligung im schulischen Kontext wichtig und für den schulischen Erfolg ihrer Kinder förderlich ist.

Für die Dimension **academic socialization** zeigen sich in den vorliegenden Auswertungen die vergleichsweise größten Zusammenhangseffekte. Besonders die Einzelform elterliche Bildungserwartungen steht in einem vergleichsweise starken Zusammenhang mit der schulischen Leistung der Kinder und Jugendlichen. Vor dem Hintergrund, dass Bildungserwartungen elterliche Bildungsentscheidungen wesentlich beeinflussen können, dass entsprechende Erwartungen zudem eng mit dem sozioökonomischen Status der Familie zusammenhängen und Familien mit Migrationshintergrund ihre tendenziell hohen Bildungserwartungen häufig aufgrund anderer Nachteile nicht in entsprechende Bildungsentscheidungen umsetzen können, besteht gerade in dieser Form der elterlichen Beteiligung ein möglicher Ansatzpunkt zur Reduzierung von Bildungsbenachteiligung.

Die Dimension **school-based parental involvement** erzielt in den Metaanalysen insgesamt die zweitgrößten Zusammenhangseffekte. Dabei gibt es Hinweise, dass besonders die aktive Mitwirkung in Entscheidungsgremien positive Effekte auf die Schulleistung haben kann. Die Teilnahme an Elternabenden oder die Kommunikation mit Lehrkräften zeigten kleinere Effekte. Ein möglicher Ansatzpunkt zur Förderung benachteiligter Schülerinnen und Schüler ist, für entsprechende Positionen gezielt Eltern anzusprechen, die weniger Eigeninitiative zeigen.

Für die Dimension **home-based parental involvement** berichten die Studien im Vergleich der drei Dimensionen insgesamt die kleinsten Zusammenhangseffekte mit der schulischen Leistung. Allerdings weisen die Ergebnisse daraufhin, dass die häusliche Unterstützung und das Einrichten einer lernförderlichen Umgebung besonders für die Motivation der Kinder und Jugendlichen wichtig sind. Somit kann indirekt auch die Schulleistung durch elterliche Unterstützungsformen im häuslichen Bereich beeinflusst werden.

Die Befundlage zu den Effekten der Unterstützung bei **Hausaufgaben** ist divers und weist teils sogar auf negative Effekte bezüglich der Schulleistung hin. Die konkreten Verhaltensweisen scheinen hier entscheidend zu sein: Förderlich für die Leistung und das Erledigen

der Hausaufgaben ist es, konkrete Regeln festzulegen. Auch Rückmeldungen zur Genauigkeit der Aufgabenbearbeitung oder Hilfestellungen können positive Effekte bewirken. Negativ wirken sich dagegen die bloße Überwachung und Kontrolle des Hausaufgabenprozesses aus. Bezüglich der Motivation und hier konkret der Einstellung zum Lernen zeigen sich für die elterliche Unterstützung bei den Hausaufgaben positive Zusammenhänge, besonders wenn die Eltern autonomiefördernde Verhaltensweisen zeigen, d. h. indem sie z. B. zum Experimentieren ermutigen und Freiraum für eigene Lösungsansätze anbieten. Insgesamt findet sich bei der Frage nach adäquaten Unterstützungsstrategien bei den Hausaufgaben ein großes Feld, in dem Lehrkräfte als pädagogische Expertinnen und Experten Eltern gezielt unterstützen und anleiten können.

Was die Elternbeteiligung in Bezug auf Personen mit **Migrationshintergrund und/oder niedrigem sozioökonomischen Status** angeht, basieren die derzeitigen Befunde auf nur wenigen Metaanalysen, die die spezifischen Zusammenhänge in den Blick genommen haben. Allerdings weist eine aktuelle Metaanalyse (Kim et al., 2020) auf vielversprechende Zusammenhänge zwischen der aktiven elterlichen Hausaufgabenunterstützung und der Motivation von Kindern und Jugendlichen mit Migrationshintergrund hin. Auch für Familien mit niedrigerem sozioökonomischen Status zeigt sich die Unterstützung bei den Hausaufgaben als besonders hilfreich (Patall et al., 2008) – genauso wie die Beteiligung an schulischen Aktivitäten (Barger et al., 2019; Rosenzweig, 2001; Tan et al., 2019a). Insgesamt besteht Klärungsbedarf, inwiefern die Formen der Elternbeteiligung für Kinder und Jugendliche aus benachteiligten Familien in *spezifischer* Weise wirken und insbesondere wie Maßnahmen zur gezielten Unterstützung entsprechender Eltern bestmöglich gestaltet sein können.

Aufgrund der insgesamt positiven Forschungsbefunde in Bezug auf die Zusammenhänge zwischen Elternbeteiligung und schulischem Erfolg, scheint die Zusammenarbeit von Schulen mit den Elternhäusern zentral und auch für die Förderung benachteiligter Kinder und Jugendlicher vielversprechend. Selbstverständlich müssen dabei bestimmte Rahmenbedingungen berücksichtigt werden, beispielsweise in Bezug auf die jeweilige Schulart oder wenn eine Ganztagsbeschulung stattfindet. Auch wenn Schülerinnen und Schüler in Ganztagsschulen mehr Zeit in der Schule verbringen und ein wesentlicher Anteil der Betreuung durch schulisches Personal erfolgt, ist die Beteiligung der Eltern in diesem Fall nicht weniger wichtig. Im Vergleich zum Regelfall kann sich hierbei jedoch die Bedeutung einzelner Dimensionen verschieben, indem etwa die Beteiligung an schulischen Aktivitäten einen höheren Stellenwert einnimmt als die Beteiligung zuhause.

Wie nun die Zusammenarbeit mit benachteiligten Eltern gestärkt sowie die elterliche Beteiligung gefördert werden kann, stellen wir anhand von Praxisbeispielen im folgenden Kapitel dar. Die Beschreibung bestehender Programme kann darüber hinaus als Orientierung und Anregung für Schulleitungen und Lehrkräfte dienen, die sich für eine verstärkte Zusammenarbeit mit den Elternhäusern einsetzen möchten.

3 Maßnahmen zur Förderung von Elternbeteiligung – Programme aus der Praxis

Die Ergebnisse der vorliegenden Forschungssynthese verdeutlichen, dass Elternbeteiligung ein wesentlicher Faktor für den schulischen Erfolg *aller* Schülerinnen und Schüler sein kann. Die aktuelle Forschungslage zeigt darüber hinaus, dass die Gruppe der benachteiligten Schülerinnen und Schüler und besonders die Auswirkungen der Beteiligung ihrer Eltern in künftigen Studien verstärkt systematisch betrachtet werden sollten.

Einige Studien weisen jedoch darauf hin, dass bei der Zusammenarbeit von Schule und Eltern beide Seiten – d. h. sowohl Lehrkräfte als auch Eltern benachteiligter Kinder – von Herausforderungen bei der Kontaktaufnahme sowie der Zusammenarbeit selbst berichten (z. B. Fürstenau & Hawighorst, 2008; Hawighorst, 2009). Problematisch sind dabei häufig beispielsweise fehlende Sprachkenntnisse oder unzureichende Kenntnisse zum Umgang mit Interkulturalität. Ausgehend von den wissenschaftlichen Erkenntnissen wurden bereits national und international Maßnahmen angestoßen und umgesetzt, die darauf abzielen, Eltern benachteiligter Kinder stärker in schulische Prozesse einzubinden.

Im Folgenden werden exemplarisch drei Programme beschrieben, die ihr Augenmerk u. a. auf eine Verbesserung des Kontakts der Eltern mit der Schule richten und damit auf einige der genannten Herausforderungen eingehen.

Wie die konkrete Gestaltung entsprechender Maßnahmen aussehen soll und kann, hängt sicherlich vom Einzelfall, den lokalen Bedingungen und nicht zuletzt den finanziellen Ressourcen der jeweiligen Schule ab. Auch die Zusammensetzung der Schülerschaft sowie des Lehrkräftekollegiums muss stets berücksichtigt werden, weshalb es hier keine Pauschallösung geben kann. Nichtsdestotrotz können die bestehenden Programme wertvolle Ideen und Anregungen für Schulen bieten.

Das Programm ***Rucksack Schule*** widmet sich der Sprachförderung mehrsprachig aufwachsender Kinder der ersten bis vierten Jahrgangsstufe. Indem Eltern als Expertinnen und Experten für die Herkunftssprache fungieren, werden sie in den Prozess der Sprachförderung einbezogen. Teilnehmende Eltern treffen sich im Verlauf eines Schuljahres wöchentlich in sprachhomogenen Gruppen mit im Rahmen des Programms ausgebildeten Elternbegleiterinnen und -begleitern, die sowohl Deutsch als auch die jeweilige Sprache der Eltern sprechen. In diesen Treffen werden der aktuelle Unterrichtsstoff der Kinder, allgemeine Lerntechniken oder auch Erziehungsfragen besprochen. Die Treffen finden dabei in der Schule vor Ort statt.

Damit die Förderung zuhause gelingen kann, erhalten die Eltern Materialien für ergänzende Aktivitäten zum aktuellen Unterrichtsstoff in ihrer Herkunftssprache. Durch die enge Abstimmung von Schule und Elternhaus erlernen die Kinder neue Themen gleich in zwei Sprachen: Einmal in ihrer Herkunftssprache zuhause und einmal in der vor Ort gesprochenen Sprache in der Schule. Eine erste Evaluationsstudie aus dem Jahr 2019 (Lengyel et al., 2019) weist u. a. auf positive Effekte für die Lese- und Sprachkompetenz der Kinder hin. Mittlerweile blickt das Programm *Rucksack Schule* bereits auf eine mehr als 20-jährige Erfolgsgeschichte zurück.

Nähere Informationen zum Programm *Rucksack Schule* finden Sie unter folgendem Link: https://kommunale-integrationszentren-nrw.de/rucksack-schule-0

Das Programm ***Stadtteilmütter*** wurde 2004 im Berliner Bezirk Neukölln mit dem Ziel entwickelt, besonders diejenigen Familien mit Migrationshintergrund anzusprechen, die tendenziell keine Beratungsstellen aufsuchen und eher zurückgezogen leben. Stadtteilmütter haben selbst einen Migrationshintergrund und zudem eine programminterne pädagogische Ausbildung durchlaufen. Sie besuchen andere Mütter mit Migrationshintergrund regelmäßig zuhause (sogenannte aufsuchende Elternarbeit) und sprechen mit ihnen in der gemeinsamen Herkunftssprache über diverse Themen aus dem Familienalltag (z. B. Umgang mit Medien, Entwicklung und Erziehung von Kindern, Kinderbetreuungsangebote, Suchtvorbeugung, Sprachförderung). Dass es den Stadtteilmüttern gut gelingt, Kontakte zu schwer erreichbaren Müttern aufzubauen, liegt u. a. in der ähnlichen sozialen oder kulturellen Prägung und der gemeinsam gesprochenen Sprache. Durch den Besuch zuhause müssen die angesprochenen Mütter keine finanziellen und zeitlichen Ressourcen für die Kinderbetreuung aufwenden, sondern können ihre Kinder während des Gesprächs selbst betreuen.

Nähere Informationen zum Programm *Stadtteilmütter* finden Sie unter folgendem Link:
https://www.berlin.de/sen/jugend/familie-und-kinder/familienfoerderung/stadtteilmuetter

Ein weiteres Programm, das den Fokus auf die Sprachförderung legt, ist das Programm ***MITsprache***. Es ist auf mehrere Jahre (möglichst ab Besuch der Kindertagesstätte) angelegt und wird von drei Kernelementen getragen:

- **Zusätzliche außerunterrichtliche Sprachförderung** für die Schülerinnen und Schüler in Kleingruppen durch Lehrkräfte
- **Fortlaufende Fortbildung der beteiligten Lehrkräfte** zu Themen rund um den Zweitspracherwerb und die Sprachförderung
- **Sozialpädagogische Elternarbeit**, d. h. ein Sozialpädagoge oder eine Sozialpädagogin spricht mit den Eltern im Rahmen regelmäßiger Elterntreffs, in individuellen Sprechstunden oder Hausbesuchen über Möglichkeiten der Sprachförderung im familiären Alltag

Eine erste Evaluation des Programms (Mandl & Schätz, 2015) verweist auf positive Auswirkungen und sogar kompensierende Effekte in den sprachlichen Bereichen Wortschatz, Satzbau und Erzählfähigkeit. Die Evaluation berichtet auch, dass die teilnehmenden Eltern das Programm als sinnvoll und nützlich einschätzen und besonders von den Elterntreffs und Hausbesuchen profitieren.

Nähere Informationen zum Programm *MITsprache* finden Sie unter folgendem Link:
https://www.stiftung-fairchance.org/mitsprache/das-sprachfoerderprogramm

Bereits die Darstellung dieser drei Programme verdeutlicht, dass es verschiedenste Ansatzpunkte zur Förderung der Elternbeteiligung benachteiligter Kinder gibt. Im Allgemeinen wurden Programme zur Förderung von Elternbeteiligung bislang nur selten auf ihre Wirksamkeit hin untersucht. Die Autorinnen- und Autorengruppe um Mattingly (2002) hat festgestellt, dass gerade familiäre Merkmale wie beispielsweise der sozioökonomische Status der an den Programmen teilnehmenden Eltern im Rahmen von Evaluationsstudien kaum erfasst wurden.

Die oben beschriebenen Programme zeigen mögliche Ansatzpunkte, wie häufig auftretende Schwierigkeiten bei der Zusammenarbeit mit Eltern benachteiligter Kinder aufgefangen bzw. abgeschwächt werden können. Diese Ansatzpunkte sind unter anderem:

1. **Sprachförderung** und **Wertschätzung der Mehrsprachigkeit**
2. Einsatz von **Vermittlungspersonen** wie z. B. Elternbegleiterinnen und -begleitern, Sprach- und Kulturmittlerinnen und -mittlern (s. Servicestelle BildungsBrückenBauen in München), Stadtteilmüttern, Elternlotsinnen und -lotsen (s. Hamburg) – allen Vermittlungspersonen in den verschiedenen Programmen ist gemein, dass sie meist selbst eine Migrationsgeschichte mitbringen
3. **Kostenfreiheit**
4. **Integration** in den **schulischen Rahmen** (Unterstützung durch Schulleitung)
5. Einbezug **pädagogischer Fachkräfte**
6. **Fortbildung** des pädagogischen Personals
7. **Aufsuchende Elternangebote**
8. **Anlassunabhängige Zusammenarbeit**

Neben den hier exemplarisch vorgestellten Programmen finden sich in der digitalen Version der Broschüre weitere bestehende Maßnahmen und Programme, die zur Inspiration der eigenen Schulentwicklung oder der persönlichen Zusammenarbeit mit Eltern dienen können. Die digitale Version kann unter folgendem Link kostenlos heruntergeladen werden:
https://www.waxmann.com/4366

Referenzen

* Mit Sternchen markierte Referenzen kennzeichnen Metaanalysen, die in der vorliegenden Forschungssynthese berücksichtigt wurden.

*Adamsons, K. & Johnson, S. K. (2013). An updated and expanded meta-analysis of nonresident fathering and child well-being. *Journal of Family*, 27(4), 589–599. https://doi.org/10.1037/a0033786

Autorengruppe Bildungsberichterstattung (2018). *Bildung in Deutschland 2018. Ein indikatorengestützter Bericht mit einer Analyse zu Wirkungen und Erträgen von Bildung*. wbv Media.

*Barger, M. M., Kim, E. M., Kuncel, N. R. & Pomerantz, E. M. (2019). The relation between parents' involvement in children's schooling and children's adjustment: A meta-analysis. *Psychological Bulletin*, 145(9), 855–890. https://doi.org/10.1037/bul0000201

Beelmann, A. (2014). Möglichkeiten und Grenzen systematischer Evidenzkumulation durch Forschungssynthesen in der Bildungsforschung. *Zeitschrift für Erziehungswissenschaft*, 17(4), 55–78. https://doi.org/10.1007/s11618-014-0509-2

Boos-Nünning, U. (2008). Notwendigkeit eines Perspektivenwechsels: Mitarbeit von Eltern mit Migrationshintergrund. *Schulmagazin 5 bis 10* (6), 5–8.

Boudon, R. (1974). *Education, Opportunity and Social Inequality: Changing Prospects in Western Society*. John Wiley & Sons.

Bourdieu, P. (1983). Ökonomisches Kapital, kulturelles Kapital, soziales Kapital. In R. Kreckel (Hrsg.), *Soziale Ungleichheiten* (Band 2, S. 183–198). Schwartz.

Cohen, J. (1988). *Statistical power analysis for the behavioral sciences* (2. Aufl.). Taylor and Francis.

Coleman, J. S., Campbell, E. Q., Hobson, C. J., McPartland, J., Mood, A. M., Weinfeld, F.D. & York, R.L. (1966). *Equality of educational opportunity*. Government Printing Office.

Danisman, S., Güler, M. & Karadag, E. (2019). The effect of teacher characteristics on student achievement: A meta-analysis study. *Croatian Journal of Education*, 21(4), 1367–1398. https://doi.org/10.15516/cje.v21i4.3322

Dearing, E., Kreider, H. Simpkins, S. & Weiss, H. B. (2006). Family involvement in school and low-income children's literacy: Longitudinal associations between and within families. *Journal of Educational Psychology*, 98(4), 653–664. https://doi.org/10.1037/0022-0663.98.4.653

Epstein, J. L. (1987). Parent Involvement: What research says to administrators. *Education and Urban Society*, 19(2), 119–136. https://doi.org/10.1177/0013124587019002002

*Fan, X. & Chen, M. (2001). Parental involvement and students' academic achievement: A meta-analysis. *Educational Psychology Review*, 13(1), 1-22. https://doi.org/10.1023/A:1009048817385

Fürstenau, S. & Hawighorst, B. (2008). Gute Schulen durch Zusammenarbeit mit Eltern? Empirische Befunde zu Perspektiven von Eltern und Schule. In W. Lohfeld (Hrsg.), *Gute Schulen in schlechter Gesellschaft. Schule und Gesellschaft* (Band 40, S. 170–186). https://doi.org/10.1007/978-3-531-91782-5_11

Gajda, A., Karwowski, M. & Beghetto, R. A. (2017). Creativity and academic achievement: A meta-analysis. *Journal of Educational Psychology*, 109(2), 269–299.

Gomolla, M. (2009). Elternbeteiligung in der Schule. In Fürstenau, S. & Gomolla, M. (Hrsg.), *Migration und Schulischer Wandel: Elternbeteiligung*. Verlag für Sozialwissenschaften. https://doi.org/10.1007/978-3-531-91487-9_2

Gomolla, M. & Rotter, C. (2012). Zugewanderte und einheimische Eltern: über Gemeinsamkeiten und Unterschiede in der Beurteilung von Schulpolitik und -praxis. In Killus, D. & Tillmann, K. -J. (Hrsg.), *Eltern ziehen Bilanz. Ein Trendbericht zu Schule und Bildungspolitik in Deutschland*. 2. JAKO-O Bildungsstudie (S. 113–142). Waxmann.

Grolnick, W. S. & Slowiaczek, M. L. (1994). Parents' involvement in children's schooling: A multidimensional conceptualization and motivational model. *Child Development*, 65(1), 237–252. https://doi.org/10.2307/1131378

Gubbels, J., van der Put, C. E. & Assink, M. (2019). Risk factors for school absenteeism and dropout: A meta-analytic review. *Journal of Youth and Adolescence*, 48(9), 1637–1667. https://doi.org/10.1007/s10964-019-01072-5

Hattie, J. (2011). Which strategies best enhance teaching and learning in higher education? In Mashek, D. & Hammer, E. Y. (Hrsg.), *Claremont applied social psychology series: Empirical research in teaching and learning: Contributions from social psychology* (Band 3, S. 130–142). Wiley-Blackwell. https://doi.org/10.1002/9781444395341.ch8

Hawighorst, B. (2009). Perspektiven von Einwandererfamilien. In Fürstenau, S. & Gomolla, M. (Hrsg.), *Migration und Schulischer Wandel: Elternbeteiligung*. Verlag für Sozialwissenschaften. https://doi.org/10.1007/978-3-531-91487-9_3

Hill, A. B. (1965). The environment and disease: association or causation? *Proceedings of the Royal Society of Medicine*, 58(5), 295–300. https://doi.org/10.1177/003591576505800503

Hill, N. E., Castellino, D. R., Lansford, J. E., Nowlin, P., Dodge, K.A., Bates, J. A. & Pettit, G.S. (2004). Parent academic involvement as related to school behavior, achievement, and aspirations: Demographic variations across adolescence. *Child Development*, 75(5), 1491–1509.

*Hill, N. E. & Tyson, D. F. (2009). Parental involvement in middle school: A meta-analytic assessment of the strategies that promote achievement. *Developmental Psychology*, 45(3), 740–763. https://doi.org/10.1037/a0015362

Hillesheim, S. (2009). *Elternarbeit in der Schule. Ein Vergleich der Elternarbeit mit Migranteneltern an Halbtags- und Ganztagsschulen in Bayern*. Schriftreihe Empirische Bildungsforschung Band 13. Universität Würzburg.

Hofer, S., Holzberger, D., Heine, J.-H., Reinhold, F., Schiepe-Tiska, A., Weis, M. & Reiss, K. (2019). Schulische Lerngelegenheiten zur Sprach- und Leseförderung im Kontext der Digitalisierung. In K. Reiss, M. Weis, E. Klieme & O. Köller (Hrsg.), *PISA 2018. Grundbildung im internationalen Vergleich* (S. 129–162). Waxmann. https://doi.org/10.31244/9783830991007

*Jeynes, W. H. (2005). A meta-analysis of the relation of parental involvement to urban elementary school student academic achievement. *Urban Education*, 40(3), 237–269. https://doi.org/10.1177/0042085905274540

*Jeynes, W. H. (2007). The relationship between parental involvement and urban secondary school student academic achievement. *Urban Education*, 42(1), 82–110. https://doi.org/10.1177/0042085906293818

*Jeynes, W. H. (2015). A meta-analysis: The relationship between father involvement and student academic achievement. *Urban Education*, 50(4), 387–423. https://doi.org/10.1177/0042085914525789

*Kim, S. (2020). Meta-analysis of parental involvement and achievement in East Asian countries. *Education and Urban Society*, 52(2), 312–337. https://doi.org/10.1177/0013124519842654

*Kim, S. & Hill, N. E. (2015). Including fathers in the picture: A meta-analysis of parental involvement and students' academic achievement. *Journal of Educational Psychology*, 107(4), 919–934. https://doi.org/10.1037/edu0000023

*Kim, Y., Mok, S. Y. & Seidel, T. (2020). Parental influences on immigrant students' achievement-related motivation and achievement: A meta-analysis. *Educational Research Review*, 30, 100327. https://doi.org/10.1016/j.edurev.2020.100327

Kloosterman, R., Notten, N. Tolsma, J. & Kraaykamp, G. (2011). The effects of parental reading socialization and early school involvement on children's academic performance: A panel study of primary school pupils in the Netherlands. *European Sociological Review,* 27(3), 291–306. https://doi.org/10.1093/esr/jcq007

Lengyel, D., Ilic, V., Rybarski K. & Schmitz, M. (2019). Evaluation „Rucksack Schule" im Kreis Unna. Kurzzusammenfassung der zentralen Ergebnisse. https://kommunale-integrationszentren-nrw.de/sites/default/files/public/system/downloads/kurzzusammenfassung_erkenntnisse_evaluation_rucksack_schule_lengyel_u.a.pdf

*Ma, S., Shen, J., Krenn, H. Y., Hu, S. & Yuan, J. (2016). A meta-analysis of the relationship between learning outcomes and parental involvement during early childhood education and early elementary education. *Educational Psychology Review*, 28(4), 771–801. https://doi.org/10.1007/s10648-015-9351-1

Mandl, H. & Schätz, R. (2015). Evaluation des Sprachförderprojekts MITsprache an Berliner Grundschulen. Eine Initiative der Stiftung Fairchance. Ergebnisse und Empfehlungen. Stiftung-Fairchance. https://www.stiftung-fairchance.org/sites/default/files/mandl_schaetz_2015._evaluation_des_sprachfoerderprojekts_mitsprache_an_berliner_grundschulen.pdf

Mattingly, D. J., Prislin, R., McKenzie, T. L., Rodriguez, J. L. & Kayzar, B. (2002). Evaluating evaluations: The case of parent involvement programs. *Review of Educational Research*, 72(4), 549–576. https://doi.org/10.3102/00346543072004549

Myrberg, E. & Rosen, M. (2009). Direct and indirect effects of parents' education on reading achievement among third graders in Sweden. *British Journal of Educational Psychology*, 79, 695–711. https://doi.org/10.1348/000709909X453031

*Patall, E. A., Cooper, H. & Robinson, J. C. (2008). Parent involvement in homework: A research synthesis. *Review of Educational Research*, 78(4), 1039–1101. https://doi.org/10.3102/0034654308325185

*Pinquart, M. & Ebeling, M. (2019). Parental educational expectations and academic achievement in children and adolescent: A meta-analysis. *Educational Psychology Review*, 32(2), 463–480. https://doi.org/10.1007/s10648-019-09506-z

*Rosenzweig, C. (2001, April). *A meta-analysis of parenting and school success: The role of parents in promoting students' academic performance.* [Paper presentation]. Annual Meeting of the American Educational Research Association 2001, Seattle, WA, USA.

Sachverständigenrat deutscher Stiftungen für Integration und Migration (SVP) (2020). *Ungleiche Bildungschancen. Fakten zur Benachteiligung von jungen Menschen mit Migrationshintergrund im deutschen Bildungssystem*. SVR-Migration. https://www.svr-migration.de/wp-content/uploads/2019/03/2020_Kurz_und_Buendig_Bildung_final.pdf.

Stubbe, T., Schwippert, K. & Wendt, H. (2016). Soziale Disparitäten der Schülerleistungen in Mathematik und Naturwissenschaften. In H. Wendt, W. Bos, C. Selter, O. Köller, & Schwippert, K. & Kasper, D. (Hrsg.), TIMSS 2015. *Mathematische und naturwissenschaftliche Kompetenzen von Grundschulkindern in Deutschland im internationalen Vergleich* (S. 299-316). Waxmann.

*Tan, C. Y. (2017). Examining cultural capital and student achievement: results of a meta-analytic review. *Alberta Journal of Educational Research*, 63(2), 139–159.

*Tan, C. Y., Lyu, M. & Peng, B. (2019a). Academic benefits from parental involvement are stratified by parental SES. A meta-analysis. *Parenting*, 20(4), 241–287. https://doi.org/10.1080/15295192.2019.1694836

*Tan, C. Y., Peng, B. & Lyu, M. (2019b). What types of cultural capital benefit students' academic achievement at different educational stages? Interrogating the meta-analytic evidence. *Educational Research Review*, 28, 100–289. https://doi.org/10.1016/j.edurev.2019.100289

Varghese, C. & Wachen, J. (2016). The determinants of father involvement and connections to children's literacy and language outcomes: Review of the literature. *Marriage & Family Review*, 52(4), 331–359. https://doi.org/10.1080/01494929.2015.1099587

*Vasquez, A. C., Patall, E. A., Fong, C. J., Corrigan, A. S. & Pine, L. (2016). Parent autonomy support, academic achievement, and psychosocial functioning: A meta-analysis of research. *Educational Psychology Review*, 28(3), 605–644. https://doi.org/10.1007/s10648-015-9329-z

Walper, S., & Grgic, M. (2013). Verhaltens- und Kompetenzentwicklung im Kontext der Familie: Zur relativen Bedeutung von sozialer Herkunft, elterlicher Erziehung und Aktivitäten in der Familie. *Zeitschrift für Erziehungswissenschaft*, 16, 503–531. https://doi.org/10.1007/s11618-013-0375-3

Weis, M., Müller, K., Mang, J., Heine, J., Mahler, N. & Reiss, K. (2019). Soziale Herkunft, Zuwanderungs-hintergrund und Lesekompetenz. In K. Reiss, M. Weis, E. Klieme & O. Köller (Hrsg.), *PISA 2018. Grundbildung im internationalen Vergleich* (S. 129–162). Waxmann. https://doi.org/10.31244/9783830991007

Bildnachweis

S. 4: © Syda Productions - Adobe Stock; S. 5: © Richtsteiger - Adobe Stock; S. 6, 25, 30: © Monkey Business Images - Shutterstock; S. 9: © Evgeny Atamanenko - Shutterstock; S. 11: © Syda Productions - Shutterstock; S. 12: © ghazii - Adobe Stock; S. 14: © Fabio Principe - Shutterstock; S. 17: © jakkaje879 - Shutterstock; S. 23: © New Africa - Shutterstock; S. 24: © Jack Frog - Shutterstock; S. 29: © kasto - Adobe Stock; S. 33: © Africa Studio - Shutterstock

Anhang

Sie interessieren sich für Forschung in anderen schulischen Themenbereichen? Im Folgenden finden Sie weitere Broschüren, die bislang im Rahmen der Arbeitsgruppe Forschungssynthesen oder in der Reihe „Wissenschaft macht Schule" entstanden sind: